新版　保育士をめざす人の子ども家庭支援

白幡久美子　編

みらい

『新版　保育士をめざす人の子ども家庭支援』

執筆者紹介（五十音順）　〇＝編者

赤瀬川　修（安田女子短期大学）……………………… 第2章

大河内　修（中部大学）………………………………… 第7章

小嶋　玲子（名古屋柳城短期大学）…………………… 第4章

河野　淳子（大阪人間科学大学）……………………… 第3章

嶋野　珠生（富山短期大学）…………………………… 第6章

〇白幡　久美子（中部学院大学短期大学部）………… 第1章

千葉　千恵美（高崎健康福祉大学）…………………… 第5章

西山　直子（大阪成蹊短期大学）……………………… 第8章

望月　隆之（田園調布学園大学）……………………… 第9章

イラスト……溝口ぎこう

はじめに

　「子育てを楽しいと思いますか」と問われれば、多くの親は「はい」と答えます。しかし、子どもとの家庭生活の現実をみると、イライラした親の様子がひしひしと感じられます。たとえば、保育所に子どもを預ける時に、なるべく保育士と言葉を交わさないようにして職場へ急ぐ親の様子からは、仕事の事が気がかりで精神的にゆとりのない様子が伝わってきます。また、混んだ電車のなかでぐずるわが子をどうにも制することができずに、感情にまかせて平手打ちする親の態度からは、子どもたちの衝動的な行動が親の言動の反映であることを確信させられるのです。

　こうした状況の背後には、家庭生活を取り巻く社会的状況の変化があるのです。地域社会の変化や家庭生活における人間関係について十分理解したうえで「子育てが楽しい」と誰もが感じることのできるような家庭支援の方法を考えねばなりません。とりわけ、乳幼児を預かる保育士には、子育て家庭への理解と支援が求められています。

　さて、現行の「保育所保育指針」では、保育士の役割を次の2つとしています。つまり子どもの保育と子どもの保護者に対する保育に関する指導です。そして、保育に関する指導について「全ての子どもの健やかな育ちを実現することができるよう、（中略）子どもの育ちを家庭と連携して支援していくとともに、保護者及び地域が有する子育てを自ら実践する力の向上に資する」（厚生労働省「保育所保育指針」第4章　子育て支援）と基本を示しています。

　このように保育の背景にある家庭のあり方が重要視されるなかで、保育士の業務範囲も保護者支援にまで拡大してきたといえましょう。また、保育士になるための学びについても2019（平成30）年に「指定保育士養成施設の指定及び運営の基準について」が見直されました。その中で、保育士養成課程の見直しに伴い教授内容が再編され、新たな教科目が打ち出されたのです。本書も「保育士をめざす人のための家庭支援」から「保育士をめざす人のための子ども家庭支援」と書名を改め、内容も現行の保育士養成課程に併せています。

　学習者が子どもの育ちと家庭支援について知識・理解を深めることはもちろん大切ですが、保育に携わったときに保護者の相談に十分応じられることも重要です。本書では、子育て家庭に関する事例も豊富に盛り込んでいます。子育て家庭の個別事案に応え得る能力を培っていただきたいからです。

　第1章では、家族・家庭のあり方についてとらえ、子育て家庭への支援の意義について述べています。

第2章から第6章までは、子育て家庭への支援体制と支援の内容・方法について述べています。

　第7章と第8章では、子ども家庭支援の方法について実践例を通して具体的に述べています。

　第9章では、子ども家庭支援の現状と課題、展望について述べています。

　なお、保育士養成課程において「保育原理」をはじめ「子ども家庭福祉」「子ども家庭支援の心理学」等で学ぶと思われる内容については、重複を避けるよう努力しています。

　最後に本書の改訂に当たり、つぶさに原稿を読み忌憚のないご意見をくださいました株式会社みらいの山下桂氏に心より感謝申し上げます。

2021年2月

白幡　久美子

目　次

第3章　子育て家庭を支える施策・社会資源

第4章　子ども家庭支援の基本としての相談支援

第5章　保育所による家庭支援の実際

第6章　地域の子育て家庭への支援

第7章　特別な配慮を要する家庭への支援の実際

第8章　保育所と専門機関との連携

第9章　子ども家庭支援における課題と展望

第1章

◆ ◆ ◆ 家族・家庭と子育て ◆ ◆ ◆

キーポイント

> 本章では、現代社会における家族、家庭の意義について理解する。そして、これからの家族・家庭がいかにあるべきかを考察する。また家庭は、乳幼児期の子どもにとってどのような場であるべきなのかを学ぶ。
>
> さらに子育て家庭をめぐる課題について、家庭の経済状況、家事・育児への夫婦の関与時間、労働環境に関する外国との比較や経年比較、ワーク・ライフ・バランスなど、さまざまな視点から取り上げて考察する。特に、新型コロナウイルス感染症の流行（コロナ禍：2020年〜）による家庭の状況の変化にも着目したい。

1　家族と家庭

1．家族・家庭の定義と現状

　本来の家族・家庭はどのように定義されているのか。まずは、国語辞典の説明をもとに、その意義を考えてみよう。「家族」とは「親子・兄弟などの血縁関係によって結ばれた親族関係を基礎にして成立する小集団。社会構成の基本単位」（広辞苑）、「夫婦・親子・兄弟など、婚姻や血縁関係で結ばれて生活共同体の単位となる人々の集団」（明鏡国語辞典）と記述されている。これらの説明から想定される家族は、婚姻と血縁関係を基本としている。そして、家族は各構成員が社会において適切な行動をとることができるようになるために修練する役割も担っているといえる。

　日本においては、従来3世代同居を理想とする家族制度があった。つまり、一家の子どものうち1人（大抵は長男、あるいは長女）が後継ぎとして親と同居し、やがて結婚して子どもを育てるのである。このような家族の継承を直系家族制という[*1]。

　このような家族制度に代わって、第二次世界大戦後には、成長した子ども

*1
　直系家族制に対し、複数の子どもが親と同居することを複合家族制という。

は長男・長女、二男・二女などにかかわらず、基本的に親元を離れ結婚し、自分自身の家族を形成するようになった。それに伴い、親の方は夫婦で老後を過ごす形態が広まってきた。このような家族のあり方を夫婦家族制という。これは一般的には核家族のことを指す。

次に「家庭」についてみてみると、「夫婦・親子など家族が一緒に生活する集まり。また、家族が生活する所」（広辞苑）、「夫婦・親子などの家族が生活をともにする小さな集団。また、その生活の場所」（明鏡国語辞典）と辞書に記されている。つまり、構成員である家族が、衣食住に関して共同して生活していく集団、または衣食住を営む場所を家庭というのである。

家庭の中心的な団らんの場は居間であるといえよう。家族が集まり語らう環境があることで、家庭生活が円滑になる。毎日子どもがどのような様子で起きてくるか、どのような表情で学校へ出かけていくかを把握する事ができるのが居間である。

歴史上の代表的な教育思想家の一人であるスイスのペスタロッチ[*2]も、彼の教育論のなかで居間の重要性を説いており、学校教育が家庭における居間のように自由でリラックスした雰囲気であれば、子どもの学習もより効果的になるであろうと述べている。居間では、緊張を強いられることなく、自由に語り、笑い、悩みを打ち明けられることが理想であろう。

現代の家庭には自由で語り合える雰囲気があるのだろうか。若者（満13歳から29歳までの男女）が自分の悩みを誰に相談するかについての国際比較（表1－1）をみてみよう。

若者が悩みや心配ごとを相談する相手は、第1に母親であることは、日本も諸外国も同様である。しかし第2位をみると、日本と韓国は「友だち」が、欧米では父親があげられている。欧米では悩みはまず父母に相談する傾向が、日本や韓国では、父親より友だちを頼る傾向があることがわかる。また、2018（平成30）年調査で新設された項目「SNS上の友だち・知人」への相談が、欧米では父母に迫る勢いで増加していることがわかる。人間関係を自分自身で構築しなければならない友だちや恋人に対して、信頼感をもちにくい傾向があるといえよう。今後は、日本でも「SNS上の友だち・知人」に相談すると回答する若者の増加が予想される。

さらに日本での経年比較（表1－2）をみると、1983（昭和58）年の調査以降、2008（平成20）年の調査まで約25年にわたり、日本の青少年は家族ではなく友だちを最も話しやすい存在としてとらえてきたことがわかる。しかし近年、「友だち」と回答する者が減少傾向となり、2013（同25）年の調査以降、「母」という回答率が第1位となっている。

＊2　ペスタロッチ
【Pestalozzi J. H.：1746～1827】孤児や貧しい家の子どもなどの教育に従事した。

表1−1　悩みや心配ごとの相談相手（各国比較）

(%)

国名 ＼ 順位	1 位	2 位	3 位	4 位	5 位
日本	母 46.4	近所や学校の友だち 31.8	父 21.3	誰にも相談しない 19.9	きょうだい 14.6
韓国	母 44.6	近所や学校の友だち 31.7	父 28.1	きょうだい 23.9	恋人 19.4
アメリカ	母 51.6	父 35.3	SNS上の友だち・知人 31.1	きょうだい 22.2	恋人 19.0
スウェーデン	母 54.2	父 37.5	SNS上の友だち・知人 31.1	きょうだい 27.4	配偶者 18.7
ドイツ	母 53.8	父 36.5	近所や学校の友だち 27.2	きょうだい 24.4	SNS上の友だち・知人 21.6

注1　各国調査時点で、13〜29歳の青年を対象。各国とも1,000サンプル回収を原則として、WEB調査を実施。
注2　「SNS上の友だち・知人」には実際会ったことはない場合も含まれる。
資料　内閣府「我が国と諸外国の若者の意識に関する調査（平成30年度）」2019年より筆者作成

表1−2　悩みや心配ごとの相談相手（経年比較：日本）

(%)

調査回 ＼ 順位	1 位	2 位	3 位	4 位	5 位
第2回調査（昭和52年）	母 43.8	近所や学校の友だち 38.7	父 26.5	職場の同僚 18.6	きょうだい 18.4
第3回調査（昭和58年）	近所や学校の友だち 48.9	母 35.7	職場の同僚 17.9	父 17.8	きょうだい 15.4
第4回調査（昭和63年）	近所や学校の友だち 48.2	母 35.7	職場の同僚 19.2	きょうだい 18.9	父 17.4
第5回調査（平成5年）	近所や学校の友だち 51.9	母 37.7	恋人 21.1	父 18.8	きょうだい 17.7
第6回調査（平成10年）	近所や学校の友だち 52.4	母 45.9	父 21.9	恋人 20.9	きょうだい 19.3
第7回調査（平成15年）	近所や学校の友だち 59.5	母 43.6	恋人 21.8	父 20.3	きょうだい 18.2
第8回調査（平成20年）	近所や学校の友だち 53.4	母 47.1	父 22.2	きょうだい 21.3	恋人 19.9
平成25年度調査	母 47.3	近所や学校の友だち 38.0	父 20.7	きょうだい 17.5	恋人 11.6
平成30年度調査	母 46.4	近所や学校の友だち 31.8	父 21.3	誰にも相談しない 19.9	きょうだい 14.6

注　第2〜8回調査は18〜24歳の男女、平成25、30年度調査については13〜29歳の男女を対象としているため、厳密な比較はできない。
資料　内閣府「世界青年意識調査」（第2〜8回調査）、内閣府「我が国と諸外国の若者の意識に関する調査」（平成25、30年度調査）より筆者作成

また、2018（平成30）年には、「誰にも相談しない」という回答が日本で第4位となっており、諸外国と比較して割合の高さは顕著である。

2．子どもにとっての家庭

子どもにとって、家庭はどのような役割を果たすべきなのだろうか。

まず、家庭は子どもを外界の危機から守ってくれる場所でなくてはならない。たとえば、友だちと一緒に遊んでいて仲間はずれにされたり、暴力を振るわれたりしたときに、自分の家に一目散で逃げ帰ることがあるだろう。それは、家庭に帰れば、家族が外敵から自分の身を守ってくれるからである。また、喧嘩したときには、家族は自分の言い分を聞いてくれ、味方にもなってくれるだろう。このように、家族に信頼を寄せているからこそ、子どもたちは家族のいる家庭へ帰りたいのである。つまり、家庭は子どもにとって心身ともに安定を保障してくれる場であるとともに、心のよりどころなのだ。

次に、家庭は子どもの学びの場であるととらえられている。子どもは社会生活を円滑に行うための準備段階として、社会的な基本単位である家庭のなかでルールを守ること、家族の一員としての役割を果たすことを学ぶ。特に家庭の仕事を手伝うことにより、多様な技術を身につけることができるが、さらに責任感、達成感、忍耐力など非認知的な能力も育成される。

子どもを育てる主体が親であることは、2006（平成18）年、59年ぶりに改正された教育基本法に記述されているとおりである。

教育基本法
（家庭教育）
第10条　父母その他の保護者は、子の教育について第一義的責任を有するものであって、生活のために必要な習慣を身に付けさせるとともに、自立心を育成し、心身の調和のとれた発達を図るよう努めるものとする。
2　国及び地方公共団体は、家庭教育の自主性を尊重しつつ、保護者に対する学習の機会及び情報の提供その他の家庭教育を支援するために必要な施策を講ずるよう努めなければならない。

保護者が自主的に子育てしやすい環境を整備することを期待して、教育・保育関係の専門機関は、家庭教育について学ぶ機会を広く提供している。そのため、保育・教育に携わる者にとって、子育て支援の視点は大切な役割となっているのである。子育て支援の担い手は、保育・教育の専門機関だけではない。たとえば親となったばかりの母親が学びやすいように、出産した病院のサービスとして同時期に出産した親同士で活動する育児サークルを開設

しているような事例もある。

3．家族間での時間の共有

　かつては、アニメ『サザエさん』で描かれているような家族そろっての食事風景は、どの家庭でも見られる光景だった。今日では、家族そろって食事をするということ自体、生活のなかであまり重視されていない。というのは、家庭生活においても家族個々の生活スタイルが先行しているからである。

　たとえば、父親が出勤するときに子どもたちはまだ眠っており、父親が帰宅する頃に子どもたちはもう眠りについているといった家庭は珍しくない。両親とも就労している場合、週末以外に家族共通の時間などほとんどもつことができない状況の家庭もある。それぞれの家族のスケジュールを調整して、一緒に過ごす時間を努力してつくらねば、時間を共有しにくい現実がある。

　それでは、幼児の生活時間を例に、家族共有の時間の確保が可能であるのか、考えてみよう。

　首都圏（東京駅から40km県内）に住む幼児をもつ母親への調査[3]によれば、幼児の69.5％が午前6時から7時頃までに起床している。そして午後9時頃までに61.3％の幼児が就寝している。22時半以降に就寝する幼児は3.9％とごくわずかである。子どもと大人の家庭内での生活時間に大きなずれはないように思われる。だから父親の出勤時刻が早い家庭でも、少々朝の生活時間の配分を調整することにより、家族共有の時間を確保できそうである。

＊3
　ベネッセ総合教育研究所「幼児期の家庭教育国際調査【2018年】」参照。

2　家庭の教育的役割

1．保護作用

　個々の家庭において、子育ては世代をつなぐ重大な役割を担っている。

　子どもが幼いうちは親またはそれに代わる養育者（以下「親」）が全面的に保護することが必要である。とくに乳児期には授乳をしたり、オムツを交換したりすることが必然である。これらの世話を繰り返しながら、親は子どもから信頼感を獲得していくのである。親の養育により子どもの情緒も発達していく。つまり、親の愛情深い子育てにより、子どもは快・不快、喜怒哀楽などを表出できるようになっていくのである。

　子どもは、幼児期後期には自分の身の回りのことをこなすことができるようになる。さらに年齢を増すごとに精神的にも自立できるようになっていく。したがって、保護作用は子どもの年齢が増すのに伴って、縮小していく機能であるといえよう。この縮小化に失敗する、または縮小化を果たせない場合を過保護・過干渉と呼んでいる。

2．意図的形成作用

　家庭における意図的形成作用とは、親が目的をもって子どもに働きかけることを意味し、しつけに代表されものである。幼児期に自立させるべきしつけを基本的生活習慣（食事、排泄、睡眠、衣服の着脱、清潔感の5項目）と呼び、身の回りのことがこなせるようになることを意味する。

　食事の自立は乳児期の離乳食から徐々に進められていき、幼児期後期には、食器を使って自立した食事をとることができるようになる。排泄の自立については、紙おむつの一般化とともに、自立が遅くなる傾向にある。これは、親の意図的な働きかけの有無が自立に影響するということが理解できる例である。

　睡眠に関しては適切な時間を確保することはもちろん大切であるが、起床時刻と就寝時刻を子ども自身が自己管理できるようにしつけていくことが大切である。そのためには、親の都合で子どもの生活時間を変えることのないよう、規則正しい生活をすることが好ましい。

　日々の気温にあわせて、衣服の着脱を子どもが自分で行うことも幼児期に

可能にしたい。そして、身のまわりの清潔感を保つことも大切である。幼児期に確立すべき基本的生活習慣が、学齢期になっても獲得されぬままで学習活動に影響している例が多々ある。幼児期にこそ人生の基礎を培うべきであることを親は常に意識して生活すべきである。

　生命観の基礎、金銭感覚、善悪の判断、母国語の学習、安全教育、手伝い、道徳教育なども幼児期のしつけとしてあげることができる。これらの意図的教育が非認知能力[*4]の形成に寄与するであろう。

* 4
　中室牧子によれば「人間の気質や性格的な特徴のようなもの」（『「学力」の経済学』ディスカヴァー・トゥエンティワン　2015年）である。

3．自然的（無意図的）形成作用—パーソナリティ—

　前項の意図的形成作用が、親が目的をもって子どもに働きかけるのに対して、自然的（無意図的）形成作用は親の後ろ姿を見て子どもが育つ作用である。つまり、親の言動や考え方を子どもが毎日の生活のなかで受け止めていく。そして、親の行動や言葉づかいを模倣するようになる。また、親の行動に呼応した行動をするようになる。たとえば、親の電話での応対を子どもがそっくり真似して、おもちゃの電話で話をしていることなどがあげられる。親の生活様式を模倣して行動することにより、子どもは育つのである。

　ここで、模倣の行動が適切な場合は子どもの人間形成にプラスになるのだが、ときにマイナス要因になる場合もある。たとえば、道路を横断するのに親が子どもの手を握りながら、横断歩道以外のところを横断しているという日常がある場合、子どもには、横断歩道を渡るのが正しいのだという意識が芽生えないであろう。大人が非道徳的な行為を子どもに示せば、幼い子どもはその通りに模倣するのである。

　つまり子どもの人格形成を左右するのは、まわりの大人の生き方なのである。家庭内に限れば親の生き方、生活観が子どもに反映するといえる。そして、情緒面では「親の笑顔」が幼い子どもの情緒安定の鍵となるといえよう。

3　子育て家庭を取り巻く状況

1．女性を取り巻く状況

　男女共同参画社会の進行により、男性も女性もともに一生涯、仕事と家庭を両立していくようになってきた。このような変化のなかで、家庭における

女性の状況は学歴、結婚の時期、子育ての時期ともに大きく変化してきている（図１－１）。平均寿命が昭和の時代と比較して10年ものびているのだが、それにあわせたように、結婚、出産、子育て期年齢が高くなってきていることがわかる。

女性は個人的な人生と、就労を中心とする社会的な人生をどのように両立させていったらよいのであろうか。

主要国の女性の労働力人口比率（労働力率）をみると（図１－２）、日本の女性の労働力人口比率は韓国と同様、明らかにM字カーブ[*5]を描いている。また、欧米の女性と比較すると、日本の女性は30歳から39歳までの比率の落ち込みが顕著であることがわかる。欧米でも、1970年代にはM字カーブが見られたが、それ以降半世紀もの間ずっと男性の労働力人口比率カーブと同様

＊５　M字カーブ
　女性の労働力人口比率は、結婚・出産期に当たる年代にいったん低下し、育児が落ち着いた時期に再び上昇するという、いわゆるM字カーブを描くことが知られている。

図１－１　女性を取り巻く状況の変化

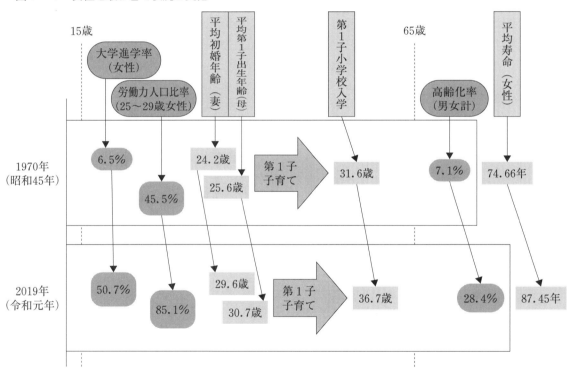

注１　平均寿命については、1970年は厚生労働省「完全生命表」、2019年は厚生労働省「簡易生命表」より作成。
注２　高齢化率については、1970年は総務省「国勢調査」、2019年は総務省「人口推計」より作成。各年10月１日現在。
注３　大学進学率については、文部科学省「学校基本調査」より作成。労働力率（25～29歳女性）については、総務省「労働力調査」（1970年、2019年）より作成。
注４　その他は、厚生労働省「人口動態統計」より作成。
注５　高齢化率は、総人口に占める65歳以上人口の割合。
注６　平均初婚年齢は、結婚式を挙げたとき又は同居を始めたときのうち、早い方の年齢。
注７　平均第１子出生年齢は、1970年は満年齢の算術平均値に0.5歳の補正値を加えたもの。2014年は、日齢の算術平均値。
資料　内閣府「男女共同参画白書　平成28年版」2016年　p.5を一部改変

図１−２　主要国における女性の年齢階級別労働力人口比率

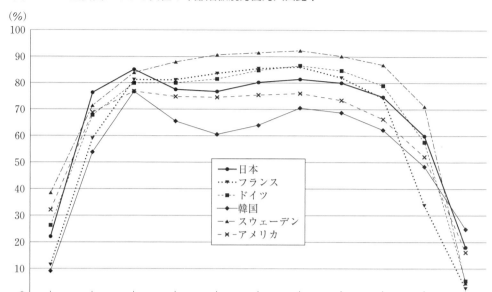

注1　日本は総務省「労働力調査（基本集計）」（2019年）、その他の国はILO "ILOSTAT" より作成。
　　　いずれの国も2019年の値。
注2　労働力人口比率は、「労働力人口（就業者＋完全失業者）」／「15歳以上人口」×100。
注3　アメリカの15〜19歳の値は、16〜19歳の値。
資料　内閣府「男女共同参画白書　令和2年版」2020年　p.104を一部改変

図１−３　女性の労働力人口比率の変化

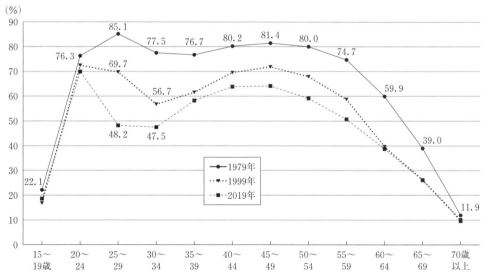

注　総務省「労働力調査（基本集計）」より作成
資料　図１−２に同じ

の台形型のカーブになっている。

　さらに、日本の女性の労働力人口比率の経年比較（図１－３）をみると、M字カーブの底が結婚、出産年齢の変化にあわせて移動していること、M字カーブの底が上昇し、M字型が緩やかになってきていることがわかる。結婚年齢や出産年齢と重ね合わせると、結婚・出産後も仕事をし続ける女性が増えていることが影響していると思われる。とはいうものの、家庭のなかで、家事・育児の中心的担い手であった女性の役割が、女性の就業率の変化に伴って変化しているわけではない。

　６歳未満の子どもをもつ夫の家事・育児にかかわる割合を、夫婦ともに有業の世帯と夫のみ有業の世帯で比較すると（図１－４）、全体的には、2011（平成23）年から2016（同28）年の５年間での夫の家事・育児への参加の増加はあまり認められないことがわかる。夫婦とも有業である場合は、夫の家事への参加率は3.8％増加しているが、育児への参加はむしろ５年間で減少傾向である。妻の出産後の就業率は上昇しているが、夫の家事・育児行動率は上昇していないことがわかる。

　続いて、性別役割分業意識の変化についてみてみよう。「夫は外で働き、妻は家庭を守るべきか」（図１－５）という質問に、2019（令和元）年調査

図１－４　６歳未満の子どもをもつ夫の家事・育児関連行動者率

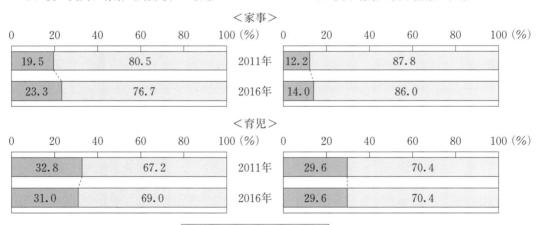

ａ．妻・夫共に有業（共働き）の世帯　　　ｂ．夫が有業で妻が無業の世帯

注１　総務省「社会生活基本調査」より作成。
注２　「夫婦と子供の世帯」における６歳未満の子どもをもつ夫の１日当たりの家事関連（「家事」および「育児」）の行動者率（週全体平均）。
　　※行動者率：該当する種類の行動をした人の割合（％）
　　※非行動者率：100％－行動者率
注３　本調査では、15分単位で行動を報告することとなっているため、短時間の行動は報告されない可能性があることに留意が必要である。
資料　図１－２に同じ　p.15を一部改変

で「賛成」「どちらかといえば賛成」と答えた割合は35.0%、「反対」「どちらかといえば反対」（以下「反対」）は59.8%である。2016（平成28）年に比べ5.5%反対が増えている。男女別でみると女性63.4%、男性55.6%が反対と回答している。男女間の考え方の差が7.8%あるとはいえ、男女共同参画の意識の高まりが予想できる。

図1−5　「夫は外で働き、妻は家庭を守るべき」という考え方に対する意識（経年）

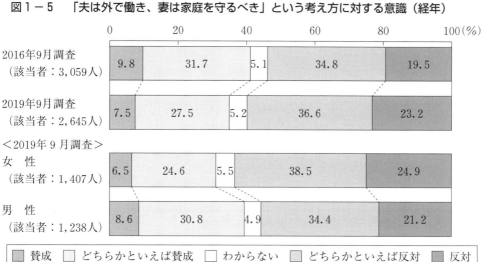

資料　内閣府「男女共同参画社会に関する世論調査」（令和元年）　2019年を一部改変

図1−6　「夫は外で働き、妻は家庭を守るべき」という考え方に関する意識の現状（男女別・年齢別）

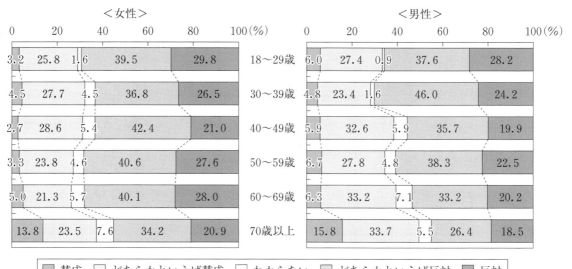

備考　内閣府「男女共同参画社会に関する世論調査」（令和元年）　2019年より作成。
資料　図1−2に同じ　p.20を一部改変

次に、年齢性別による意識の違い（図1−6）を男女別にみてみる。女性の場合20歳代から60歳代までいずれも60％以上の割合で反対と答えている。それに対し、男性については20〜30歳代では女性の傾向と変わらないが、40歳代では55.6％と、60歳代（53.4％）より低い割合になっている。男性では、職場で主要な役割を担う年齢層で性別役割分業意識がやや高いと考えられる。70歳以上では男女とも反対と答える割合に他の年齢層との意識の差が10％程生じている。

　かつては強くみられた固定的な性別役割分業意識は、徐々に解消されつつあるように思われる。

２．仕事と家事・育児—女性の就労の変化—

　乳幼児の母親はどのように仕事と家事・育児をこなしているのか。第一子出産前の女性の就労に関しての調査結果（図1−7）によれば、2010（平成

図1−7　子どもの出生年別第1子出産前後の妻の就業経歴

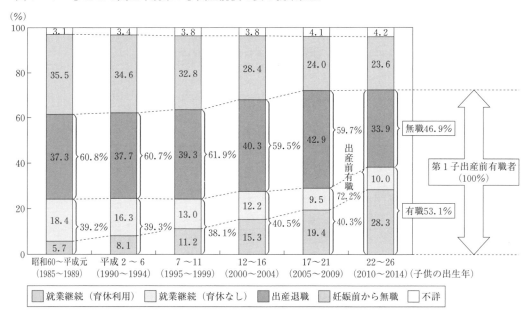

備考1　国立社会保障・人口問題研究所「第15回出生動向基本調査（夫婦調査）」より作成。
備考2　第1子が1歳以上15歳未満の初婚どうしの夫婦について集計。
備考3　出産前後の就業経歴
　　　　就業継続（育休利用）－妊娠判明時就業〜育児休業取得〜子供1歳時就業
　　　　就業継続（育休なし）－妊娠判明時就業〜育児休業取得なし〜子供1歳時就業
　　　　出産退職　　　　　　－妊娠判明時就業〜子供1歳時無職
　　　　妊娠前から無職　　　－妊娠判明時無職
資料　図1−2に同じ　p.14

22）〜2014（平成26）年に出産した女性のうち、出産前の有職者は72.2％である。しかし、そのうち第一子出産後に退職する女性が46.9％もいるのである。2005（同17）〜2009（同21）年の出産者の退職率（59.7％）と比較すると低くなってきてはいるが、この割合の高さから出産後に女性が抱く社会からの疎外感、子育てしながらの仕事復帰への不安感が推測できる。

　ところで、女性の就労に関する意識はどのように変化しているのか。出産後の退職を、本人あるいは夫婦は望んでいるのであろうか。女性の就労に関する意識変化の調査（図1－8）では、「子供ができても、ずっと仕事を続ける方がよい」と考えている女性は63.7％で、最も高い割合となっている。仕事をもつが「子供ができたら職業をやめ、（子供が）大きくなったら再び

図1－8　女性の就労に関する意識の変化

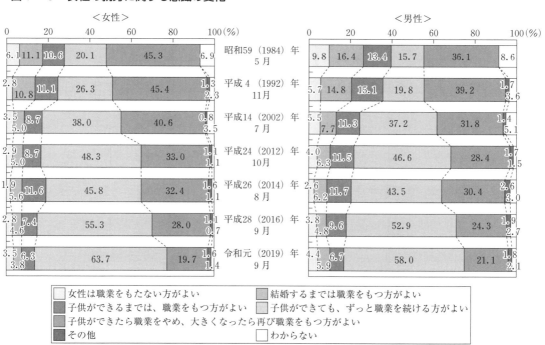

備考1　総理府「婦人に関する世論調査」（昭和59年）及び「男女平等に関する世論調査」（平成4年）、内閣府「男女共同参画社会に関する世論調査」（平成14年、24年、28年、令和元年）及び「女性の活躍推進に関する世論調査」（平成26年）より作成。

備考2　平成26年以前の調査は20歳以上の者が対象。平成28年及び令和元年の調査は、18歳以上の者が対象。

備考3　昭和59年の調査における質問文及び選択肢は以下のとおりで、「その他」は調査していない。

　　　質問文　一般的に女性が職業をもつことについて，どのようにお考えになりますか。

　　　選択肢　（ア）職業をもち、結婚や出産の後も仕事を続ける方がよい

　　　　　　（イ）職業をもち、結婚や出産などで一時期家庭に入り、育児が終わると再び職業をもつ方がよい

　　　　　　（ウ）職業をもち、結婚を契機として家庭に入る方がよい

　　　　　　（エ）職業をもち、出産を契機として家庭に入る方がよい

　　　　　　（オ）職業をもたない方がよい

　　　　　　　　わからない

資料　図1－2に同じ　p.21

職業をもつ方がよい」という考えは、2002（平成14）年までは40％以上と最も高い割合だったが、その後下降し、2019（令和元）年には19.7％となっている。女性の就業観については男性の意識も同様な傾向で進行している。育児休業制度の普及、低年齢児保育の整備、男性の家事・育児関与などが女性の就業意識を高めることに影響を与えているとも思われる。

3．男性の育児への関与

日本の男性は仕事時間が長く育児休業もとりにくい状況ではあるが、家事・育児への関与はどの程度可能なのであろうか。

日本の男性の家事・育児関連時間（図１－９）は１時間23分と欧米諸国の男性に比べて極端に少ないことがわかる。ただし、日本の夫が「何もしない」ということではない。長時間労働者（週50時間以上）の割合は、日本の男性が31.7％となっており、他の国（イギリス10％強、そのほかのヨーロッパ諸国は10％以下）に比べて極端に高いことも関係している。つまり長時間労働の結果、家事・育児にかかわることができない男性も多くいると予想される。

図１－９　６歳未満の子どもをもつ夫婦の家事・育児関連時間（１日当たり・国際比較）

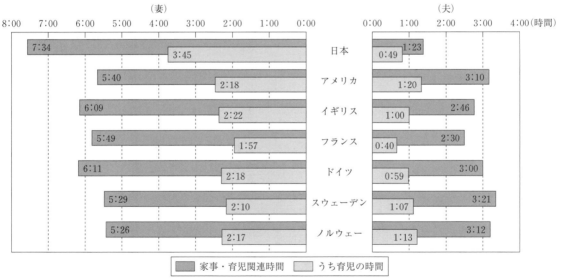

備考１　Eurostat "How Europeans Spend Their Time Everyday Life of Women and Men"（2004）、Bureau of Labor Statistics of the U.S. "American Time Use Survey"（2016）及び総務省「社会生活基本調査」（2016年）より作成。
　　２　日本の数値は、「夫婦と子供の世帯」に限定した夫と妻の１日当たりの「家事」、「介護・看護」、「育児」及び「買い物」の合計時間（週全体平均）である。
注　　内閣府資料より作成。
資料　内閣府「令和元年版　少子化社会対策白書」2019年　p.30

　また、日本の男性の「育児」への関与時間についてみてみると、他国との差が30分程度で収まっている。ところが「家事・育児関連時間」全体をみると、他国の男性は、日本の男性より１時間以上多くの時間を費やしている。女性の方をみると、日本の女性の家事・育児時間が他国の女性より１時間以上多い。これらのことから、日本では女性に家事負担が大きくのしかかっている事がわかる。

　子育てすることで叶うのは、子どもの成長・発達を実感できることのみではない。子育てに関与することによって、父親自身に寛容性、忍耐力、責任感などが養われ、人間的に豊かになっていく。だから男性が育児に積極的にかかわることは、自己教育としても価値あることといえよう。ただ、各家庭の生活態勢によって、物理的にどれほど男性の育児関与を期待できるかは異なるであろう。父親として育児にかかわることが困難な場合は、父親が母親の話をよく聞き、母親の育児に対する理解者になることが好ましい。さらに、父親からの母親への助言や励ましによって、母親は自信をもって育児をすることができるのである。

　大切なのは、夫婦でコミュニケーションをとりつつ、わが子の成長発達を理解し合うことである。

4　育児・子育てについての悩みと課題

1．育児の負担感

　一般に、生まれ育った家庭を巣立ち、自らの家庭を築いていく時期になると、家事と仕事を調整して生活する必要が生じる。子どもが誕生すればそこに育児も加わる。1980年頃の日本では、結婚・出産により退職する女性が多くあったことが図１−10からわかる。そして、1990年代には共働き世帯の方が多くなり、夫単一労働世帯との差は年々大きくなっている。にもかかわらず、夫婦の家事・育児に関する役割は、専業主婦を前提としたものとなっており、その結果、妻の家事・育児時間が夫の数倍になっているのである。今日もなお子育てについての問題は母親自身の悩みととらえられている。

　乳児期には授乳やおむつ交換のため慢性的に睡眠不足であり、幼児期になると子どもの生活リズムに母親の方が合わせなくてはならない。母親として自分を犠牲にすることが多いにもかかわらず、わが子は思い通りに行動して

図1−10　共働き世帯数の推移

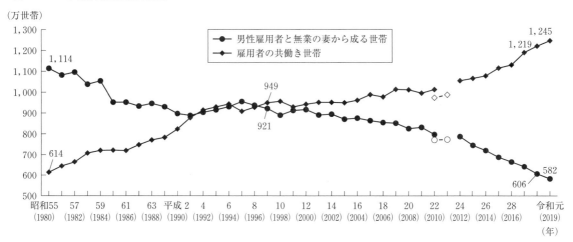

備考1　昭和55年から平成13年までは総務庁「労働力調査特別調査」（各年2月。ただし、昭和55年から57年は各年3月）、平成14年以降は総務省「労働力調査（詳細集計）」より作成。「労働力調査特別調査」と「労働力調査（詳細集計）」とでは、調査方法、調査月等が相違することから、時系列比較には注意を要する。
　　　2　「男性雇用者と無業の妻から成る世帯」とは、平成29年までは、夫が非農林業雇用者で、妻が非就業者（非労働力人口及び完全失業者）の世帯。平成30年は、就業状態の分類区分の変更に伴い、夫が非農林業雇用者で、妻が非就業者（非労働力人口及び失業者）の世帯。
　　　3　「雇用者の共働き世帯」とは、夫婦共に非農林業雇用者（非正規の職員・従業員を含む）の世帯。
　　　4　平成22年及び23年の値（白抜き表示）は、岩手県、宮城県及び福島県を除く全国の結果。
資料　図1−2に同じ　p.18

図1−11　家事・育児の役割分担

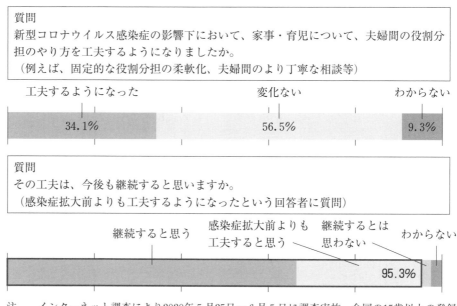

注　　インターネット調査により2020年5月25日〜6月5日に調査実施。全国の15歳以上の登録モニター10,128人から回答。
資料　内閣府「新型コロナウイルス感染症の影響下における生活意識・行動の変化に関する調査」2020年　p.28を一部改変

くれない。そんなわが子にいら立ちを覚え、つい大声で叫んでしまうなど、育児に不快感情を抱くようになってしまうのである。

　また、ワンオペ育児*6ともいわれるように、妻の方が、自分ばかりが我慢をしていると思い込み、夫に対しても不満をもつことも多い。

　特に新型コロナウイルス感染症対策の一環としての緊急事態宣言下*7で、日本中がステイホームを強いられた日々を振り返ると、乳幼児を育てながら共働きをしている家庭では、母親の方に負担が多くなっていたことは否めない。仕事を家庭でこなしながら、子どもたちの世話も家庭が担うことになったのである。緊急事態宣言下において、通勤時間の短縮、家事の夫婦分担、父親の在宅時間の増加による家事・育児への協力時間を工夫する（図1－11）といった良い面も確かにあった。しかし、これまでの家事・育児の負担が妻に多くかかってきたのと同様、集団保育・教育の部分も家庭に任されたことにより、妻にその負担が課された家庭も多かった。育児の負担感を目の前に夫がいることにより、いっそう重荷に感じさせられたと訴える妻もいたことは事実である。

　育児に自信がもてないと悩む女性も多い。近隣に子育てについて相談できるような人間関係がないため、不安は増すばかりである。市町村が実施している子育て支援を利用することも一つの方法だが、共に親として育ちあえる子育て仲間をつくることができると、親としての自信にもつながると思われる。

2．育児休業取得の推進

　男性の育児休業取得率は、2019（令和元）年度の調査では7.48％となった。前年度より1％ほど上昇した。一方女性の育児休業取得率は、83.9％でこちらも前年度より1％程度上昇している。女性の育児有業取得は公務員をはじめ一般化しているが、男性の育児休業取得は、雲泥の差である。さらに2018（平成30）年の男性の職業別の育児休業取得率（図1－12）は、国家公務員が12.4％、民間企業が6.16％、地方公務員が5.6％で、2012（同24）年から上昇傾向にあることがわかる。とくに、国家公務員の取得率が急上昇していることに引き付けられる。

　男性の育児休業取得率を高めることは政府の方針の一つでもある。2020（令和2年）年7月に報告された内閣府「選択する未来2.0」では、男性の育児休業取得の義務化についても言及している。これまで子育て支援の一環としても数値目標で男性の育児休業取得率を10％にあるいは13％にするとス

*6　ワンオペ育児
　ワンオペレーション育児の略。子育てと家事（＋仕事）のすべてを一人でこなさなければならない状況をいう。

*7
　2020（令和2）年4月7日から同年5月までの期間、安倍内閣総理大臣（当時）により新型インフルエンザ等対策特別措置法（特措法）第22条に基づき発出された。

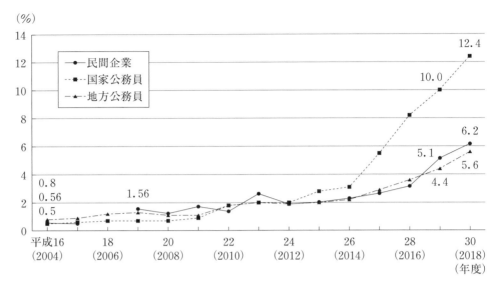

図1−12　男性の育児休業取得率の推移

注1　民間企業の平成16年度及び17年度値は、厚生労働省「女性雇用管理基本調査」より作成（18年度は、調査対象が異なるため計上していない）。19年度以降は、厚生労働省「雇用均等基本調査」より作成。調査対象は、常用雇用者5人以上を雇用している民営事業所。
注2　国家公務員は、平成22年度までは総務省・人事院「女性国家公務員の採用・登用の拡大状況等のフォローアップの実施結果」、23年度から25年度は「女性国家公務員の登用状況及び国家公務員の育児休業の取得状況のフォローアップ」、26年度は内閣官房内閣人事局「女性国家公務員の登用状況及び国家公務員の育児休業等の取得状況のフォローアップ」より作成。
注3　地方公務員は、総務省「地方公共団体の勤務条件等に関する調査結果」より作成。
注4　育児休業取得率の算出方法は、それぞれ以下の通り。それぞれ算出方法が異なるため、各要素間の厳密な比較は困難である。
　　　民間企業：調査年の前年度1年間（平成26年度調査においては、24年10月1日から25年9月30日）に配偶者が出産した者のうち、調査年10月1日までに育児休業を開始（申出）した者の割合
　　　国家公務員：当該年度中に子が出生した者の数に対する当該年度中に新たに育児休業を取得した者（再度の育児休業者を除く）の数の割合
　　　地方公務員：当該年度中に新たに育児休業等が取得可能となった職員のうち、育児休業を取得した者の割合
注5　東日本大震災のため、民間企業の平成23年度値は、岩手県、宮城県及び福島県を除く。国家公務員の22年度値は、調査の実施が困難な官署に在勤する職員（850人）を除く。地方公務員の22年度値は、岩手県の1市1町、宮城県の1町を除く。
資料　図1−2に同じ　p.35

ローガンを掲げてきたものの具体的方策がとられてこなかったため、2019（同元）年度まで男性の育児休業取得率は6％足らずにとどまってきた。男性が育児休業を取得しやすい環境整備が必要であろう。確かに、育児休業制度の利用を願望はあっても困難な場合もあった。図1−13から理解できるように「職場の上司や周囲の理解を進めること」や「男性自身の抵抗感をなくすこと」が必要となる。

　2010（平成22）年施行の改正育児・介護休業法*8の「パパ・ママ育休プラス」（図1−14）により、男性も育児休業をとりやすいように体制は整えられている。「パパ・ママ育休プラス」とは夫婦双方で育児休業制度を利用す

*8　育児・介護休業法
　正式名「育児休業、介護休業等育児又は家族介護を行う労働者の福祉に関する法律」。

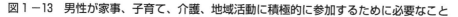

図1-13　男性が家事、子育て、介護、地域活動に積極的に参加するために必要なこと

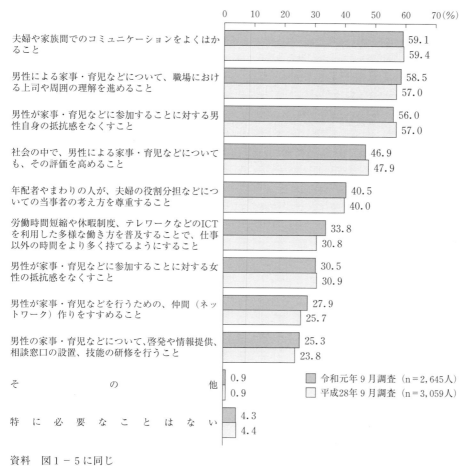

	令和元年9月調査（n=2,645人）	平成28年9月調査（n=3,059人）
夫婦や家族間でのコミュニケーションをよくはかること	59.1	59.4
男性による家事・育児などについて、職場における上司や周囲の理解を進めること	58.5	57.0
男性が家事・育児などに参加することに対する男性自身の抵抗感をなくすこと	56.0	57.0
社会の中で、男性による家事・育児などについても、その評価を高めること	46.9	47.9
年配者やまわりの人が、夫婦の役割分担などについての当事者の考え方を尊重すること	40.5	40.0
労働時間短縮や休暇制度、テレワークなどのICTを利用した多様な働き方を普及することで、仕事以外の時間をより多く持てるようにすること	33.8	30.8
男性が家事・育児などに参加することに対する女性の抵抗感をなくすこと	30.5	30.9
男性が家事・育児などを行うための、仲間（ネットワーク）作りをすすめること	27.9	25.7
男性の家事・育児などについて、啓発や情報提供、相談窓口の設置、技能の研修を行うこと	25.3	23.8
その他	0.9	0.9
特に必要なことはない	4.3	4.4

資料　図1-5に同じ

る場合、原則子どもが1歳までの育児休業取得可能期間を、子どもが1歳2か月に達するまでに延長することができる制度である。これに合わせ、「イクメンプロジェクト」[9]も実施している。

3．子育てにかかる経済的負担

　ひとり親家庭では、家計・家事・育児を大人一人で担っているため身体的にも精神的にも、そして経済的にも苦労が多い。もちろん子どもを養育するためにかかる費用[10]も一人で背負わなくてはならない。ひとり親家庭のうちとくに母子世帯で厳しい状況にあることが「母子家庭・父子家庭の現状（表1-3）」から理解できる。母子世帯の場合、就業状況は81.8%であるが、そのうち正規職員として就業している割合は44.2%である。したがって、平

*9
　厚生労働省では、2010（平成22）年6月から、育児を積極的にする男性（イクメン）を応援する「イクメンプロジェクト」を実施し、働く男性が育児をより積極的に行うことができるよう、ウェブサイトでの情報発信やシンポジウム開催等により社会的気運の醸成を図っている。

*10
　文部科学省「平成30年度子供の学習費調査の結果について」（2019年）によれば、年間学習費は、公立幼稚園22万3,647円、私立幼稚園52万7,916円、公立小学校32万1,281円、公立中学校48万8,397円、公立高校45万7,380円、私立高校96万9,911円だった。

図1−14　育児休業給付の概要

○概要

　労働者の職業生活の円滑な継続を援助、促進するため、労働者が１歳[1]（子が１歳を超えても休業が必要と認められる一定の場合[2]については最長で２歳に達するまで）未満の子を養育するための育児休業を行う場合に、育児休業給付を支給。

※１　当該労働者の配偶者が、子の１歳に達する日以前のいずれかの日において、当該子を養育するための休業をしている場合は、１歳２か月。

※２　「一定の場合」とは、保育所の申し込みを行ったが利用できない場合や、子の養育を行っている配偶者が死亡した場合等。

※３　休業中に就業した場合、支給単位期間ごとに就業日数が10日を超え、かつ、就業時間が80時間を超える場合は支給されない。

○給付額

　育児休業開始から６か月までは休業開始前賃金の67％相当額[1]、それ以降は50％相当額。

※１　給付は非課税であること、また、育休期間中は社会保険料免除があることから、休業前の手取り賃金と比較した実質的な給付率は８割程度。

〈参考〉男女ともに育児休業を取得する場合の給付のイメージ（パパ休暇、パパ・ママ育休プラス利用時）

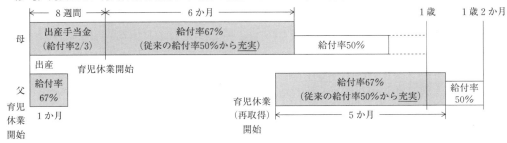

※　健康保険等により、産前６週間、産後８週間において、１日につき標準報酬日額の２／３相当額が出産手当金として支給。

資料　厚生労働省「育児休業制度について」2021年を一部改変
　　　https://www.kantei.go.jp/jp/singi/tiiki/kokusentoc_wg/h31_r1/shouchou/20190926_shiryou_s_2_1.pdf

均年間収入も200万円にとどまり、父子世帯と比べ低くなっている。

　児童扶養手当等として養育者に支給されるほか、母親自身の就労支援なども推進されている。さらにひとり親家庭への正規職の斡旋、就業条件の整備[11]も進められている。

　ひとり親家庭への配慮に加え、2019（令和元）年10月より開始された幼児教育・保育の無償化[12]、2020（同２）年４月より高等教育無償化[13]が経済的支援として加えられている。子育てための経済的負担を軽減することにより、生活全体に前向きになることが期待できる。

4．家事・育児と仕事の両立（ワーク・ライフ・バランス）への期待

　経済的に暮らしを支えるために仕事をすることは重要である。仕事によっ

*11
　厚生労働省「ひとり親家庭等の支援について」（最新版）に詳細が記載されている。

*12
　2019（令和元）年10月より幼稚園、保育所、認定こども園を利用するすべての子どもたちの利用料が無償化されている（幼稚園については月額上限2.57万円）。詳細は内閣府ウェブサイト「子ども子育て支援新制度」参照。

表1－3　母子家庭・父子家庭の現状

		母子世帯	父子世帯
1	世帯数［推計値］	123.2万世帯 （123.8万世帯）	18.7万世帯 （22.3万世帯）
2	ひとり親世帯になった理由	離婚　79.5%（80.8%） 死別　　8.0%（7.5%） 未婚　　8.7%（7.8%）	離婚　75.6%（74.3%） 死別　19.0%（16.8%） 未婚　　0.5%（1.2%）
3	就業状況	81.8%（80.6%）	85.4%（91.3%）
	就業者のうち世紀の職員・従業員	44.2%（39.4%）	68.2%（67.2%）
	うち自営業	3.4%（2.6%）	18.2%（15.6%）
	うちパート・アルバイト	43.8%（47.4%）	6.4%（8.0%）
4	平均年間収入 　［母又は父自身の収入］	243万円（223万円）	420万円（380万円）
5	平均年間就労収入 　［母又は父自身の就労収入］	200万円（181万円）	398万円（360万円）
6	平均年間収入 　［同居親族を含む世帯全員の収入］	348万円（291万円）	573万円（455万円）

※　　（　）内の値は、前回（平成23年度）調査結果を表している。
※　　「平均年間収入」及び「平均年間就労収入」は、平成27年の1年間の収入。
※　　集計結果の構成割合については、原則として、「不詳」となる回答（無記入や誤記入等）
　　がある場合は、分母となる総数に不詳数を含めて算出した値（比率）を表している。
資料　厚生労働省「ひとり親家庭等の支援について」2020年
　　　https://www.mhlw.go.jp/content/000619763.pdf

*13
　文部科学省ウェブサイト「高等教育の修学支援新制度」参照。

図1－15　女性の就業率と正規雇用率（M字カーブとL字カーブ）

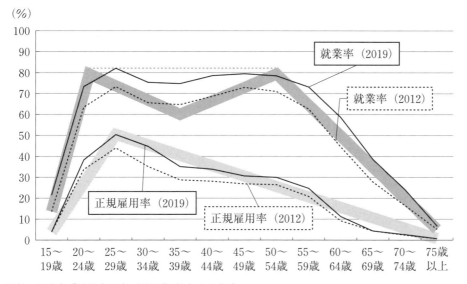

備考　総務省「労働力調査（詳細集計）」より作成。
資料　内閣府「選択する未来2.0　中間報告」2020年を一部改変

て社会的な自分の位置を築いている。一方、個人的側面としての家庭生活も不可欠である。仕事と家庭での家事育児の両方が満足感の得られるものになることが、人生の心地よさをもたらしてくれるであろう。

　ひとり一人の人生を心地よいものにするために2007（平成19）年、「仕事と生活の調和〔ワーク・ライフ・バランス〕憲章」を定め、ワーク・ライフ・バランスについて、「国民一人ひとりがやりがいや充実感を感じながら働き、仕事上の責任を果たすとともに、家庭や地域生活などにおいても、子育て期、中高年期といった人生の各段階に応じて多様な生き方が実現できる社会」と定義した。

　これまで述べてきたように、男性の長時間労働の是正、人事評価の見直し、男性の育児休業の取得についての改革がなされている。一方で、テレワーク[*14]やフレックスタイム制[*15]の導入など多様な働き方を推進することにより、女性の就労継続とキャリアアップも支援している。とくにM字カーブの問題（図１−15）は先にも述べたように解消されつつあり、方向性がみえてきた。しかし、新たにL字カーブ[*16]の問題があげられている。

　ワーク・ライフ・バランスは、男女の働き方を改革することとジェンダー意識を変えることにより実現できるといえよう。

*14　テレワーク
　【telework】パソコンなどの情報通信機器を利用して事業所や顧客先などと離れた場所で働く労働形態（広辞苑より）。

*15　フレックスタイム制
　【flextime system】一定時間の総労働時間を定め、その範囲内で始業・終業時刻を労働者の決定に任せる労働時間制（広辞苑より）。

*16　L字カーブ
　女性の正規雇用労働者比率が20歳代後半でピークを迎えた後、低下を続けること。図１−15参照。

〈参考文献〉

1）細井房明『ペスタロッチーの幼児教育思想の構築─【母親教育のための書】の構想と【直観理論】の萌芽から』福村出版　2015年
2）ベネッセ総合教育研究所『第５回　幼児の生活アンケート　レポート』2016年
3）内閣府「我が国と諸外国の若者の意識に関する調査（平成25年度）」2013年
4）内閣府「第８回　世界青年意識調査」2008年
5）全国保育団体連絡会・保育研究所編『2016年版　保育白書』ひとなる書房　2016年
6）ジェームズ・J・ヘックマン（大竹文雄解説　古草秀子訳）『幼児教育の経済学』東洋経済新報社　2015年
7）中室牧子『「学力」の経済学』ディスカヴァー・トゥエンティワン　2015年
8）内閣府「男女共同参画白書　平成28年版」2016年

コラム　子どもに携帯電話をもたせることの是非

　対人関係をうまくもてない人が、大人にも子どもにも増えている。その一方で、携帯電話などによるSNS（ソーシャル・ネットワーキング・サービス）の普及はめざましい。電車に乗車するやいなや、携帯電話の操作のために指だけが機敏に動いている様子が当たり前になっている。

　実際に相手と向かい合うのではなく、自由な時間に自由に相手に発信して、相手からの返信も自由な時間に自由な場所で受け取ることのできる便利さがある。

　しかし、携帯電話をめぐりさまざまな事件も起きている。

　親の保護下にある子どもの問題に限ってみよう。

　まず、一人の子どもの交友関係に親をはじめ家族は、まったくかかわりをもたないことになってしまう。家庭に１台しか電話がなかった時代には、親や他の家族を介してから当事者同士が話すことも多かった。だから、親は子どもの行動の一端を知ることができた。

　また、今の子どもたちは不特定多数の人とのコミュニケーションの方法を身につけにくくなっている。かつては電話口での応対によっても子どものしつけをしぜんに行っていた。子どもたちは、大人の応対からコミュニケーションの方法を学んでいたのである。

　特に、メールは相手の都合を配慮する必要がないので、一方的に発信できる。その結果、相手への心遣いが不得手な子どもが増加しているのも事実である。

　子どもの行動がわからないという前に、親としてわが子に携帯電話をもたせることが必要なのかどうかを、熟慮して結論を出すことが必要であろう。「みんなもっているから」ということばに惑わされずに、大人も子どもも自律的な生き方をしたいものである。

第2章

◆ ◆ ◆　　子ども家庭支援とは　　◆ ◆ ◆

キーポイント

　この章における学習目標は、子育てに取り組む親が抱える子育ての課題と
その背景を理解し、それらの悩みを解決するための保育士の役割について理
解を深めることである。
　現代の保育士には、保育所などを利用する子どもの親や地域で子育てに励
む親が抱える子育てに関する悩みに丁寧に耳を傾けて家族を支え、共に問題
解決に取り組むという役割も期待されるようになった。この役割を果たすた
めには、子育てに取り組む家族、とりわけ母親がどのような悩みを抱えてお
り、なぜそのような悩みを抱えるに至るのかを理解することが重要となる。
また、悩みが生じる要因や背景を理解することは、問題解決の糸口を見つけ
るために欠かすことはできないだろう。

1　子ども家庭支援の意味

1．子ども家庭支援に関する近年の動向

(1)　少子化対策・子育て支援対策の動向

　1990（平成2）年の1.57ショックを契機に、政府は子どもを産み育てやす
い環境づくりに向けた取り組みを始めた。1994（同6）年には「エンゼルプ
ラン」および「緊急保育対策等5か年事業」が策定・施行され、その後も2003
（同15）年に「少子化社会対策基本法」、2012（同24）年に「子ども子育て支
援法等子ども・子育て関係3法」が制定、そして2015（同27）年には「子ど
も・子育て支援新制度」が施行されるなど、少子化や子育てをめぐる問題解
決に向けてさまざまな施策が講じられてきた。その結果、徐々に保育サービ
スや子育て支援に関する法律、福祉制度および福祉サービスが整ってきたと
いえるだろう[*1]。

(2)　保育所における子育て支援機能の強化

　これらの動向のなかで、保育所にもその専門性を活かした保護者支援や地域の子育て支援の役割が期待されるようになり、1997（平成 9 ）年の児童福祉法改正では、「地域の住民に対してその行う保育に関し情報の提供を行い（中略）、乳児、幼児等の保育に関する相談に応じ、及び助言を行うよう努めなければならない」と、保育所の相談機能が強化された。

　2008（平成20）年に改定された保育所保育指針では、「第 6 章　保護者に対する支援」が設けられ、保育所の役割として「保育所に入所している子どもの保護者への支援」および「地域における子育て支援」が明示された。さらに、2017（同29）年に改定された保育所保育指針では、「第 6 章　保護者に対する支援」が、「第 4 章　子育て支援」に改められ、内容の整理・充実化が図られた。この改定理由について保育所保育指針解説では、「子ども・子育て支援新制度の施行等を背景に、保育所には、保護者と連携して子どもの育ちを支えるという視点をもち、子どもの育ちを保護者と共に喜び合うことを重視して支援を行うとともに、地域で子育て支援に携わる他の機関や団体など様々な社会資源との連携や協働を強めていくことが求められている」ことをあげている。2017（同29）年の改定では、「保育所との保護者との連携」がより重視され、また、「保育所と地域の関係機関や社会資源の連携・協働」の重要性がより強く示されたといえる。

(3)　保育士養成課程における子育て支援関連科目の再編

　保育所保育指針改定や保育を取り巻く社会情勢の変化（子ども・子育て支援新制度の施行に加え、保育所等利用児童数の増加、子育ての負担感や孤立感の高まり、児童虐待相談件数の増加など）を踏まえ、より実践力のある保育士の養成をめざし、2019年（平成31）年 4 月、保育士養成課程における教科目が改正された。そのなかで子どもの育ちや家庭支援の充実を図るため、子ども家庭支援に関する教科目が再編され、旧課程における「家庭支援論（講義）」「相談援助（演習）」「保育相談支援（演習）」が整理・統合され、子育て家庭支援に関する基礎的な理解の促進をめざす科目として「子ども家庭支援論（講義）」が設置された。その他にも子育て支援に関する科目として、「子育て支援（演習）」および「子ども家庭支援の心理学（講義）」が設置された。

　保育士は「専門的知識及び技術をもつて、児童の保育及び児童の保護者に対する保育に関する指導を行うことを業とする者」（児童福祉法第18条の 4 ）である。「保護者に対する保育に関する指導」とは、子どもの養育（保育）に関する相談、助言、行動見本の提示その他の援助業務の総体を意味してお

り、保育士には、保護者に対する援助業務に必要とされる知識・技術・価値を修得することが求められる。そして、保育士養成課程で学ぶ学生は、上記した教科目の学びを通してそれらを習得し、保育士として就業後も自らの知識やスキルを向上させるよう研鑽を重ねることが求められている。

2．子ども家庭支援とは

　1947（昭和22）年に児童福祉法が制定されるとともに各都道府県に設置された児童相談所は、子どもとその家庭に関するあらゆる相談に応じ、支援にあたってきた。2004（平成16）年の児童福祉法改正では、市町村も業務として子ども家庭相談に応じることが明確に規定され、都道府県（児童相談所等）と連携を図り、子どもとその家庭への支援が行われている。

　2017（平成29）年には、市町村の児童相談業務の運営指針である「市町村子ども家庭支援指針」（ガイドライン）が策定された。この指針では、市町村における「子ども家庭支援」について、「子どもに関する各般の問題につき、家庭その他からの相談に応じ、子どもが有する問題又は子どもの真のニーズ、子どもの置かれた環境の状況等を的確に捉え、個々の子どもや家庭に最も効果的な支援を行い、もって子どもの福祉を図るとともに、その権利を擁護すること」と定義している。

　この定義をもとに、保育所における子ども家庭支援についてとらえるならば、「保育所を利用する子どもの保護者及び地域の子育て家庭からの相談等に応じ、丁寧な聞き取りや情報収集などを行うことにより子どもとその家庭に関する環境や生活課題およびニーズを把握した上で計画に基づいた支援を行い、子どもの福祉の実現および権利擁護をめざす活動」だといえるだろう。子ども家庭支援は子どもの福祉の実現や権利擁護をめざして、ソーシャルワークを用いた支援が展開されることに大きな特徴がある。

　保育所保育指針解説においても、保育所における子育て家庭への支援について「子どもや子育て家庭に関するソーシャルワークの中核を担う機関と、必要に応じて連携をとりながら行われるものである。そのため、ソーシャルワークの基本的な姿勢や知識、技術等についても理解を深めた上で、支援を展開していくことが望ましい」と示されている。

　保育所や保育士は、ソーシャルワークの専門機関や専門職ではないが、特に他機関との連携・協働による支援が必要なケースなどにおいてはソーシャルワークを用いた支援が行われ、そのなかで保育所・保育士としての役割を担うことが期待されている。

2　子ども家庭支援の目的と機能

1．子育て家庭の抱える問題や課題

(1)　問題・課題の多様性

　第1章で学んだように、近年の子育て家庭では、身近に相談できる相手がおらず孤立状態にある保護者や、さまざまな育児不安を抱える保護者も少なくない。また、ひとり親家庭、子どもに障害や発達の課題がある家庭、保護者が心身の健康上の問題や障害を有する家庭、不適切な養育が行われている家庭、DVが生じている家庭など、子どもと保護者をめぐる課題は多様化・複雑化しており、特別な支援を必要とする家庭も地域に多く存在している。これらの家庭が抱える問題や課題を解決するためには、子どもと保護者の心情や置かれている状況を十分に理解し、それぞれのケースに応じた個別的な支援が必要となる。そして、保育所には、その特性や保育士が有する保育に関する専門知識や技術を基盤としながら、さまざまな地域の関係機関と連携を図り、問題の改善や解決に向けて取り組むことが求められている。

　保育所による子ども家庭支援の対象は「保育所を利用する子どもと保護者」のみならず「地域の子育て家庭」と幅広い。保護者からの相談内容も多様であり、たとえば子どもの発育や発達、言葉、情緒、基本的生活習慣に関する相談などの子どもに保育に関する相談があげられる。また、家族関係の問題、育児方法・しつけの問題、育児負担・育児不安、保護者の心身の健康状態、職場との関係上の問題、地域の社会資源の利用に関する相談なども含まれる。さらに、要支援児童や要保護児童とその家庭も支援対象に含まれ、それぞれのケースの深刻さや複雑さもさまざまである。

(2)　保育所の機能や専門性を生かした支援

　多様な問題や課題を抱える保護者や子育て家庭に対して保育所が支援を適切に行うためには、保育所の機能や専門性を理解し十分に生かすことが重要である。また、自らの専門性や役割、強みをよく理解した上で、①保育所だけで対応できるケース（保育士もしくは保育所内のチームで対応できるケース）、②保育所だけでは対応が困難な事例（関係機関等との協力・連携が必要となるケース）、③保育所では対応できないこと（他機関等に支援をつなぐことが適切なケース）を整理することが必要となる。そして、保育所だけで抱え込む

ことなく、地域の関係機関との連携や協働を常に意識して、必要に応じて社会資源を活用しつつ支援を行うことが求められる。

2．子ども家庭支援の目的

　子ども家庭支援は何を目的として行われるのか、児童福祉法および子ども・子育て支援法に示されたそれぞれの理念をもとに理解を深めたい。

　2016（平成28）年に改正された児童福祉法は、児童福祉の理念を以下のように示している。第1条で示された子どもの権利は、子ども家庭支援を含めたすべての児童福祉の取り組み（法律・制度整備や実践など）の目的であり目標であるといえる。

児童福祉法
第1条　全て児童は、児童の権利に関する条約の精神にのつとり、適切に養育されること、その生活を保障されること、愛され、保護されること、その心身の健やかな成長及び発達並びにその自立が図られることその他の福祉を等しく保障される権利を有する。
第2条　全て国民は、児童が良好な環境において生まれ、かつ、社会のあらゆる分野において、児童の年齢及び発達の程度に応じて、その意見が尊重され、その最善の利益が優先して考慮され、心身ともに健やかに育成されるよう努めなければならない。
2　児童の保護者は、児童を心身ともに健やかに育成することについて第一義的責任を負う。
3　国及び地方公共団体は、児童の保護者とともに、児童を心身ともに健やかに育成する責任を負う。

　さらに、2012（平成24）年度に制定された「子ども・子育て支援法」では、目的および基本理念を以下のように示している。

子ども・子育て支援法
第1条　この法律は、我が国における急速な少子化の進行並びに家庭及び地域を取り巻く環境の変化に鑑み、児童福祉法（中略）その他の子どもに関する法律による施策と相まって、子ども・子育て支援給付その他の子ども及び子どもを養育している者に必要な支援を行い、もって一人一人の子どもが健やかに成長することができる社会の実現に寄与することを目的とする。
第2条　子ども・子育て支援は、父母その他の保護者が子育てについての第一義的責任を有するという基本的認識の下に、家庭、学校、地域、職域その他の社会のあらゆる分野における全ての構成員が、各々の役割を果たすとともに、相互に協力して行われなければならない。

　そして、「児童の権利に関する条約」（通称「子どもの権利条約」）で示される子どもの権利を実現させることも、子ども家庭支援を含めたすべての児

童福祉の取り組みの目標である。児童の権利に関する条約は、子どもの権利を実現・確保するために求められる具体的な事項を規定している。日本ユニセフ協会は、次の通り原則を示している[1]。

> 「子どもの権利条約」一般原則
> ○生命、生存及び発達に対する権利（命を守られ成長できること）
> 　すべての子どもの命が守られ、もって生まれた能力を十分に伸ばして成長できるよう、医療、教育、生活への支援などを受けることが保障されます。
> ○子どもの最善の利益（子どもにとって最もよいこと）
> 　子どもに関することが行われる時は、「その子どもにとって最もよいこと」を第一に考えます。
> ○子どもの意見の尊重（意見を表明し参加できること）
> 　子どもは自分に関係のある事柄について自由に意見を表すことができ、おとなはその意見を子どもの発達に応じて十分に考慮します。
> ○差別の禁止（差別のないこと）
> 　すべての子どもは、子ども自身や親の人種、性別、意見、障がい、経済状況などどんな理由でも差別されず、条約の定めるすべての権利が保障されます。

　子ども家庭支援は、直接的には保護者に対して行われることが多いが、あくまでもその目的や目標は、上記で示した、子どもの最善の利益の保障、子どもの生活保障、子どもの心身の健やかな成長・発達・自立の保障などである。保育士はこのことを常に意識して支援にあたらなくてはならない。

　また、子どもの養育は、まず第一に保護者の責任によって行われるが、国・地方公共団体とともに取り組まれる。さらに、子ども・子育て支援は、国・地方公共団体だけが行うものではなく家庭、学校、地域、職域、その他のすべての構成員が各々の役割を果たし相互協力することが必要となる。子ども家庭支援の目的を果たすためには、保護者はもとより行政機関、保育所などの福祉施設、地域住民などの連携・協働の下で進められなければならない。

３．子ども家庭支援の機能

(1) 保育指導

　児童福祉法では保育士について「専門的知識及び技術をもつて、児童の保育及び児童の保護者に対する保育に関する指導を行うことを業とする者をいう」（第18条の４）と示しており、保護者に対する保育に関する指導（以下「保育指導」という）を業務として明確に示している。

　さらに、「地域の住民に対してその行う保育に関し情報の提供を行い、並びにその行う保育に支障がない限りにおいて、乳児、幼児等の保育に関する相談に応じ、及び助言を行うよう努めなければならない」（第48条の４第１項）、

＊2
2008（平成20）年改定の保育所指針解説書では、保育指導を「子どもの保育の専門性を有する保育士が、保育に関する専門的知識・技術を背景としながら、保護者が支援を求めている子育ての問題や課題に対して、保護者の気持ちを受け止めつつ、安定した親子関係や養育力の向上をめざして行う子どもの養育（保育）に関する相談、助言、行動見本の提示その他の援助業務の総体」と示していた（2017（同29）年改定の際には削除されている）。

そして「保育所に勤務する保育士は、乳児、幼児等の保育に関する相談に応じ、及び助言を行うために必要な知識及び技能の修得、維持及び向上に努めなければならない」（同条第2項）と規定している＊2。

つまり、保育所では保護者に対して、①安定した親子関係の形成・維持、②保護者の養育力の向上をめざして保護者に対する保育指導の役割を担っている。保育指導は、一方的に指導が保護者に対して行われるものではなく、保護者の悩みや抱える困難を共感的に受け止め、助言や行動モデルの提示、情報提供などの多様な方法で支援にあたるものである。また、支援の実施にあたっては、保育、社会福祉（ソーシャルワークを含む）、カウンセリングなど多くの知識や技術が求められるため、保育士はそれらの修得や向上をめざして自己研鑽に努めなければならない。

(2) 子育て支援

保育所保育指針「第1章　総則」では、保育所の役割として「保育所は、入所する子どもを保育するとともに、家庭や地域の様々な社会資源との連携を図りながら、入所する子どもの保護者に対する支援及び地域の子育て家庭に対する支援等を行う役割を担うものである」と示している。また、支援の際の留意点として、①保育所は、入所する子どもの保護者に対し、その意向を受け止め、子どもと保護者の安定した関係に配慮し、保育所の特性や保育士等の専門性を生かして援助に当たらなければならないこと、②一人一人の保護者の状況やその意向を理解、受容し、それぞれの親子関係や家庭生活等に配慮しながら、様々な機会をとらえ、適切に援助することをあげている。

保育所には、保育に関する専門的知識や技術および経験を有する保育士が配置され、また子どもの健やかな成長・発達に相応しい環境が用意されており、子育て家庭にとって最も身近な社会資源の一つであるといえる。こうした保育所の強みを生かし、積極的に子育て支援にあたることが求められている。

一方で、地域には保育所以外にも保護者の子育てを支える社会資源が多く存在している。保育所はそれらの社会資源を必要に応じて活用し連携を図ることにより、保護者の状況や意向に即しニーズに合わせた個別的な支援を行う役割を担っている。この役割を担うために保育所は、地域の子育てに関する様々な社会資源に関する情報収集をすることや、関係機関との普段からの良好な関係づくりが求められる。

3　保育所・保育士に求められる支援の基本姿勢

　保育所保育指針「第4章　子育て支援」では、「保育所における子育て支援に関する基本的事項」が示されている。これは、保育所・保育士が子育て支援にあたる際に求められる基本姿勢だといえるだろう。

　1　保育所における子育て支援に関する基本的事項
（1）保育所の特性を生かした子育て支援
ア　保護者に対する子育て支援を行う際には、各地域や家庭の実態等を踏まえるとともに、保護者の気持ちを受け止め、相互の信頼関係を基本に、保護者の自己決定を尊重すること。
イ　保育及び子育てに関する知識や技術など、保育士等の専門性や、子どもが常に存在する環境など、保育所の特性を生かし、保護者が子どもの成長に気付き子育ての喜びを感じられるように努めること。
（2）子育て支援に関して留意すべき事項
ア　保護者に対する子育て支援における地域の関係機関等との連携及び協働を図り、保育所全体の体制構築に努めること。
イ　子どもの利益に反しない限りにおいて、保護者や子どものプライバシーを保護し、知り得た事柄の秘密を保持すること。

　保育士が保護者と良好な支援関係を構築するためには、両者の間に信頼関係を築くことが欠かせない。保育所保育士の強みとしては、毎日の保育を通して子どもと保護者の様子を日常的に観察し把握できること、日々のかかわりの積み重ねを通して保護者と関係を築きやすいこと、援助開始後に観察を継続できることなどがあげられ、これらの強みを生かした支援が期待される。
　保育士は日常の送迎時における対話や連絡帳、電話または面談など、様々な機会をとらえて保護者とコミュニケーションを図り、家庭の実態や保護者の心情を把握し、保育所や保育士と保護者が情報や思いの共有を図ることが求められる。そして、保護者が子育てに自信をもち、子育てを楽しいと感じることができるよう、保育所や保育士等による積極的な働きかけや、よりよい子育て環境づくりに取り組んでいかねばならない[*3]。
　また、子育て支援を実施・運営する際には、保育所と関係機関との連携、保育所内での体制づくりが重要となる。よりニーズに応じた専門性の高い支援が必要なケースや、保育所だけでは解決できない問題・課題を抱えるケースなどに対しては、地域に存在する様々な機関や施設などとの連携による支援が必要となる。なお、保育所が特に連携や協働を必要とする地域の関係機関や関係者について、保育所保育指針解説では次のとおり示している。

市町村（保健センター等の母子保健部門・子育て支援部門等）、要保護児童対策地域協議会、児童相談所、福祉事務所（家庭児童相談室）、児童発達支援センター、児童発達支援事業所、民生委員、児童委員（主任児童委員）、教育委員会、小学校、中学校、高等学校、地域子育て支援拠点、地域型保育（家庭的保育、小規模保育、居宅訪問型保育、事業所内保育）、市区町村子ども家庭総合支援拠点、子育て世代包括支援センター、ファミリー・サポート・センター事業（子育て援助活動支援事業）、関連NPO法人

　たとえば、保育所で虐待ケースが発見された場合、保育所は市町村もしくは児童相談所に通告を行う。その後、保育所は要保護児童対策地域協議会の構成員として、市町村、児童相談所、保健センター、児童委員等とともに子どもと保護者の支援にあたることになるだろう。また、障害や発達の課題がある子どもに対しては、市町村、保健センター、児童発達支援センターなどとともに支援にあたることが予想される。

　保育所内においても、保育士がこれらの問題に一人で対応するのではなく、園長のリーダーシップのもと支援体制を整備し、職員間での情報共有や役割分担を行いチームとして対応にあたることが求められる[4]。

　また、この「基本的事項」で示されている「保護者の気持ちを受け止め（受容）」、「保護者の自己決定を尊重（自己決定）」し、「保護者や子どものプライバシーを保護し、知り得た事柄の秘密を保持する（秘密保持）」ことは、ソーシャルワーク実践において求められる基本的態度であり、保育士を含めた相談援助を行うすべての専門職に求められる態度であるといえる[5]。

　保護者と保育士との信頼関係は、支援の基盤となるものである。日々の保護者とのコミュニケーションを丁寧に行い、徐々に保護者から信頼を得て保育士が気軽に相談できる存在になることによって、保護者の不安の軽減が図られ、問題発生の予防や深刻化することを防ぐことにもなるだろう。また、形成された良好な支援関係を基盤にして、保護者のニーズに応じた効果の高い支援が行われることが期待できる。

4　子ども家庭支援の実際

　保育所保育指針第4章では、「保育所を利用している保護者に対する子育て支援」および「地域の保護者に対する子育て支援」について、その内容と留意点について示している。これをもとに保護者に対する子育て支援の実際

について説明をする。

1．保育所を利用している保護者に対する子育て支援

⑴　保護者との相互理解

保育所保育指針では「保育所を利用している保護者に対する子育て支援」について、以下の通り示している。

2　保育所を利用している保護者に対する子育て支援
（1）保護者との相互理解
ア　日常の保育に関連した様々な機会を活用し子どもの日々の様子の伝達や収集、保育所保育の意図の説明などを通じて、保護者との相互理解を図るよう努めること。
イ　保育の活動に対する保護者の積極的な参加は、保護者の子育てを自ら実践する力の向上に寄与することから、これを促すこと。

保護者と保育所が相互理解を深めることは、子どもの家庭生活と保育所生活の連続性を確保し、育ちを支えるために欠かせない。保護者との相互理解を深めるためには、保育士が保護者の状況を把握し思いを受け止めること、保護者に対して保育所における保育の意図を説明すること、保護者の疑問や要望に対して誠実に対応すること、子どもに関する情報交換を細やかに行うこと、子どもへの愛情や成長を喜ぶ気持ちを伝え合うことなどが必要である。

また、保育所の保育活動への保護者の参加は、保護者の養育力を高める上でも重要な取り組みである。保護者が子どもの遊びに参加することで、子どもの遊びの世界や言動の意味を理解したり、保育士が子どもにかかわる様子を見ることにより子どもとの適切な接し方を学ぶことができる。また、他児の観察を通して発達について理解を深めることが期待される。

⑵　保護者の状況に配慮した個別の支援

（2）保護者の状況に配慮した個別の支援
ア　保護者の就労と子育ての両立等を支援するため、保護者の多様化した保育の需要に応じ、病児保育事業など多様な事業を実施する場合には、保護者の状況に配慮するとともに、子どもの福祉が尊重されるよう努め、子どもの生活の連続性を考慮すること。
イ　子どもに障害や発達上の課題が見られる場合には、市町村や関係機関と連携及び協力を図りつつ、保護者に対する個別の支援を行うよう努めること。
ウ　外国籍家庭など、特別な配慮を必要とする家庭の場合には、状況等に応じて個別の支援を行うよう努めること。

保護者の状況に配慮した個別の支援としては、保護者への支援を行う際に子どもの立場に立ち、子どもの生活の連続性にも配慮が必要であることが示されている。子どもの成長・発達への影響、生活の連続性なども総合的に考慮して支援を提供する必要がある。

　近年、子育てを支援する様々な保育サービス（病児保育事業、延長保育、夕食の提供など）が提供されるようになってきた。多様な保育サービスを地域に整備は、よりよい子育て環境づくりには欠かせないが、その提供の際には保護者の状況に配慮しながらも、常に子どもの最善の利益を尊重し、子どもの生活への配慮がなされるようにする必要がある。

　発達上の課題や障害のある子どもの保育は、特に家庭との連携が求められ、家庭への援助に関する計画に基づく個別的な支援が必要となる。また、保育所だけでこれらの課題をもつ家庭への支援が行われることは少なく、個別のニーズに応じて行政機関（市町村、保健センター、子育て世代包括支援センターなど）、医療機関、児童発達支援センター、教育委員会、小学校などと連携しながらともに支援にあたることが求められる。

　外国籍家庭のほか、ひとり親家庭、貧困家庭等、特別な配慮を必要とする家庭も増えており、それらの家庭が抱える問題も複雑化、多様化している。保護者が問題を抱え込んでしまうことがないように、保育士は日々の子どもの保育や保護者とのかかわりを通して、家庭の生活状況や問題を把握する。また、保育所による対応では不十分なケースも多いため、ケースに応じて児童相談所や福祉事務所、市町村、保健センター等の関係機関、児童福祉施設、医療機関、関係NPO法人などと連携し、地域の社会資源を活用した個別の支援を行う必要がある。

(3)　不適切な養育等が疑われる家庭への支援

> （3）不適切な養育等が疑われる家庭への支援
> ア　保護者に育児不安等が見られる場合には、保護者の希望に応じて個別の支援を行うよう努めること。
> イ　保護者に不適切な養育等が疑われる場合には、市町村や関係機関と連携し、要保護児童対策地域協議会で検討するなど適切な対応を図ること。また、虐待が疑われる場合には、速やかに市町村又は児童相談所に通告し、適切な対応を図ること。

　少子化・核家族化、地域におけるつながりの希薄化などの社会背景のもと、子どもの世話をした経験がない保護者や、周囲から孤立し、さまざまな不安を抱えながら子育てをする保護者が増加している。子育ての経験不足や不安

感、周囲からの孤立がみられる保護者に対しては、保育所や保育士の専門性を活かした積極的な支援が必要であり、それは不適切な養育や虐待に至らないようにするための予防ともなる。保育士は保育を通して子どもの理解に努めるとともに、面接などを通して保護者の実情や課題およびニーズを把握し、個別的な支援を行う必要がある。その際には、ソーシャルワークやカウンセリング等の知識や技術を用いることもある。また、必要に応じて地域の他機関との連携、園内の職員間のチームでの対応が必要となる。

２．地域の保護者等に対する子育て支援

　保育所保育指針では「地域の保護者等に対する子育て支援」について、以下のように示している。

> 3　地域の保護者等に対する子育て支援
> （1）地域に開かれた子育て支援
> ア　保育所は、児童福祉法第48条の4の規定に基づき、その行う保育に支障がない限りにおいて、地域の実情や当該保育所の体制等を踏まえ、地域の保護者等に対して、保育所保育の専門性を生かした子育て支援を積極的に行うよう努めること。
> イ　地域の子どもに対する一時預かり事業などの活動を行う際には、一人一人の子どもの心身の状態などを考慮するとともに、日常の保育との関連に配慮するなど、柔軟に活動を展開できるようにすること。
> （2）地域の関係機関等との連携
> ア　市町村の支援を得て、地域の関係機関等との積極的な連携及び協働を図るとともに、子育て支援に関する地域の人材と積極的に連携を図るよう努めること。
> イ　地域の要保護児童への対応など、地域の子どもを巡る諸課題に対し、要保護児童対策地域協議会など関係機関等と連携及び協力して取り組むよう努めること。

　近年、子育てに対して不安を抱き、さまざまな課題をもつ家庭が増加しており、子育て家庭を身近な地域で支える仕組みを整備することが急がれている。妊娠初期から子育て期にわたる切れ目ない支援を行うことを目的として、子育て世代包括支援センターが設置されるなど、その取り組みは進みつつある。

⑴　学びの場

　保育所は、保育所のもつ特性や専門性を活用して、地域の子育て支援を積極的に展開することが望まれている。保育所は、子育て中の保護者にとって学びの場でもある。保護者に日常の保育を見学してもらったり、保育の目的や方法などを説明することによって、保護者は基本的生活習慣を身に付けるための技術や子どもへの適切なかかわり方、子どもの発達を促す環境づくり

などを習得することが期待できる。また、必要に応じて、子育てに関する個別の悩みに応じ、助言することもできる。さらに、保育所が地域のニーズにあわせ、体験保育、園庭開放、育児講座などを開催することによって、子育てや保育に関する知識や情報の提供とともに、保護者同士の関係づくりを図ることも期待される。

(2) 相談機関

　子育て家庭のすぐ身近に、子育てについて気軽に相談したり学ぶことができる保育所が存在することは、保護者の育児への不安をやわらげ、孤立を防ぐことが期待でき、結果として不適切な養育や虐待の予防にもつながる。

　地域の子育て家庭に対する子育て支援事業として、一時預かり事業や延長保育事業などを行う保育所が多いが、それらを実施する際には一人ひとりの子どもの家庭での生活と保育所における生活との連続性に配慮し、子どもが無理なく過ごすことができるよう、一日の流れや環境を工夫することが大切である。

(3) 他機関との協働による支援

　また、子育て支援は市町村などの行政機関を中心としながら、さまざまな福祉施設やNPO法人が運営主体として実施し、また専門職や児童委員、地域住民などが支援にあたっている。保育所は、これらの関係機関や人材と積極的に連携し協働を図り、ともに支援にあたっていかねばならない。特に、被虐待児などの要保護児童への対応の際には、市町村が設置する要保護児童対策地域協議会での情報の共有や関係機関等との連携および協力を図りつつ、支援にあたっていく必要がある。

〈引用文献〉
1）日本ユニセフ協会ウェブサイト「子どもの権利条約」
　　https://www.unicef.or.jp/about_unicef/about_rig.html

〈参考文献〉
1）山縣文治『子ども家庭福祉論』ミネルヴァ書房　2016年
2）厚生労働省雇用均等・児童家庭局「『市町村子ども家庭支援指針（ガイドライン）』について」2017年
3）谷田貝公昭・石橋哲成監　髙玉和子・大野地平編『新版相談援助』一藝社　2018年
4）小原敏郎・橋本好市・三浦主博編『演習・保育と子育て支援』みらい　2019年
5）「子ども家庭支援論」編集委員会編『子ども家庭支援論』みらい　2019年
6）倉石哲也・伊藤嘉余子監　倉石哲也・大竹智編『子ども家庭支援』ミネルヴァ書房　2020年

コラム　仕事と生活の調和（ワーク・ライフ・バランス）

　内閣府の調査によると、「仕事」「家庭生活」「地域・個人の生活」について、男女ともに複数の活動をバランスよく行いたいと希望する人の割合が高い一方で、実際には男性では「仕事」、女性では「家庭生活」を優先している者が多数であるなど、単一の活動を優先している人の割合が高いそうだ。現在の日本では仕事と生活のバランスに悩む人が多い。仕事と子育ての両立に悩む母親や、仕事に時間がほとんど奪われ子育てに参加できない父親も、仕事と生活のバランスがとれなくて悩んでいる状態だといえる。

　現在、内閣府が中心となって仕事と生活の調和のとれた社会をめざし、さまざまな取り組みが行われている。国が考えるワーク・ライフ・バランス（仕事と生活の調和）が実現した社会とは、「国民一人ひとりがやりがいや充実感を感じながら働き、仕事上の責任を果たすとともに、家庭や地域生活などにおいても、子育て期、中高年期といった人生の各段階に応じて多様な生き方が選択・実現できる社会」としている。具体的には、①働くことで経済的に自立ができる社会、②健康で豊かな生活のための時間がきちんと取れる社会、③置かれた状況に応じて多様な働き方や生き方が選べる社会、と示している。

　就労時間の長さや休暇のとりづらさ、柔軟性のない就労時間、通勤時間などが仕事と生活の調和を崩している原因だといわれているが、ワーク・ライフ・バランスの実現をめざして具体的な取り組みにかかる企業も少しずつ増えてきている。先駆的な企業ではトップの積極的な姿勢のもとで、管理職や従業員の意識改革、人事制度の工夫、労働時間管理面の工夫などのさまざまな取り組みがスタートしている。まだ十分な成果があがっているとはいえないが、これらの取り組みが成功すれば、仕事と家事や育児との両立に悩む親も少なくなり、より自分らしく仕事にも子育てにも取り組めるようになれるだろう。もちろん企業だけではなく、国・地方公共団体による制度の整備や、意識啓発活動、保育所・認定こども園や放課後児童クラブの量の拡大と質の確保などへの積極的な取り組みは、ワーク・ライフ・バランスを実現するためのベースとなるものである。

　国や地方自治体、企業などが連携をとった今後の積極的な取り組みに期待したい。

第3章

◆ ◆ ◆子育て家庭を支える施策・社会資源◆ ◆ ◆

キーポイント

今日、子育てを社会全体で支援していくことが、重要なテーマとなっている。少子高齢化は加速度を増し、出生数は過去最低となり合計特殊出生率も低下の一途をたどっている。また、子ども・子育て支援の質・量の不足、深刻な待機児童問題などの現状があり、課題が山積している。それらの課題の解決をめざし、教育や福祉だけでなく、医療や保健、経済、労働などさまざまな分野の組織が協力しつつ、施策の改変が行われている。

ここでは、少子化対策から子育て支援への変遷を、「子ども・子育て支援新制度」を中心として、その成立前後における法律の制定や施策の策定から学ぶ。また、子育て家庭を支えるサービスや相談機関についても、新制度との関連から概説していく。

1　少子化対策から子育て支援へ

1．少子化の現状

＊1　合計特殊出生率
人口統計上の指標で、一人の女性が出産可能とされる15歳から49歳までに産む子供の数の平均を示す。

15～49歳までの女性の年齢別出生率を合計したもの。1人の女性がその年齢別出生率で一生の間に生むとしたときの子どもの数に相当する。

＊2　1.57ショック
1989（平成元）年の合計特殊出生率が1.57となり、過去最低であった1966（昭和41）年の合計特殊出生率（1.58）を下回った事態が判明した時（1990（平成2）年）の衝撃を指す。

わが国の少子化は、1975（昭和50）年以降、急速に進んだ。図3－1に、出生数および合計特殊出生率＊1の年次推移を示す。

いわゆる「1.57ショック」＊2により、少子化に関する問題が世のなかに広く知れ渡ることとなり、国による「子どもを産み育てやすい環境づくり」のためのさまざまな対策が実施されてきた。しかし、このような取り組みにもかかわらず、少子化傾向は進む一方であり、2005（平成17）年の合計特殊出生率は過去最低の1.26にまで減少した。現在、合計特殊出生率については過去最低時より多少の回復が見られるものの、2019（令和元）年では1.36と減少傾向にあり、出生数自体も減り続けている状況である。

図3－1　出生数および合計特殊出生率の年次推移

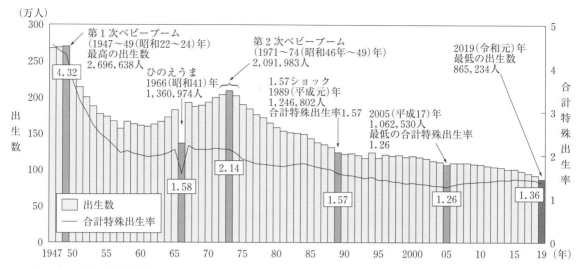

注　1947～1972年は沖縄県を含まない。
出典　厚生労働省「人口動態統計」をもとに作成

2．少子化対策から子育て支援へ

　少子化対策として、まず保育サービス等の整備促進を図る施策が展開され、その後、社会全体で子育てを支援するという視点に立ち、仕事と子育ての両立を支援するための働き方改革などのさまざまな施策が策定されていった。前述の「1.57ショック」以降、現在までのさまざまな国の取り組みを図3－2に示す。

⑴　「エンゼルプラン」と「新エンゼルプラン」

　国による子育て支援対策が本格的にスタートしたのは、1994（平成6）年の「今後の子育て支援のための施策の基本的方向について（エンゼルプラン）」の策定からである。これは今後10年間に取り組むべき基本的方向と重点施策を定めたものである。これを実施するため、同時に「緊急保育対策等5か年事業」が策定され、保育所の量的拡大や多様な保育サービスの充実（低年齢児保育、延長保育等）、保育所の多機能化のための整備、地域子育て支援センターの整備が行われた。

　1999（平成11）年に見直しがなされ、「少子化対策推進基本方針」に基づく重点的施策の具体的実施計画として「重点的に推進すべき少子化対策の具体的実施計画について（新エンゼルプラン）」が策定された。引き続き、保育サービス等子育て支援サービスの充実を図るとともに、雇用や母子保健、相

図3-2 子育て支援に関するこれまでの取り組み

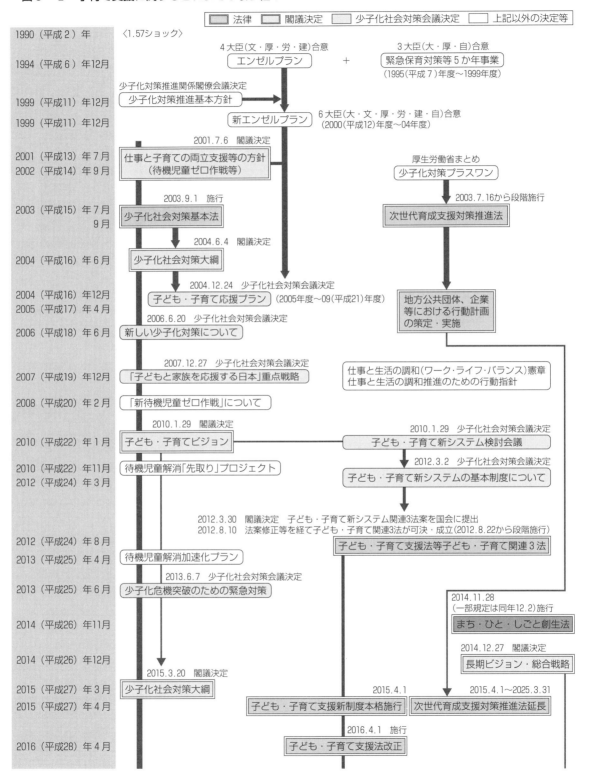

凡例	
▦ 法律	▦ 少子化社会対策会議決定
▦ 閣議決定	☐ 上記以外の決定等

1990（平成2）年 〈1.57ショック〉

1994（平成6）年12月
4大臣（文・厚・労・建）合意 エンゼルプラン ＋ 3大臣（大・厚・自）合意 緊急保育対策等5か年事業（1995（平成7）年度～1999年度）

1999（平成11）年12月
少子化対策推進関係閣僚会議決定 少子化対策推進基本方針

1999（平成11）年12月
新エンゼルプラン 6大臣（大・文・厚・労・建・自）合意（2000（平成12）年度～04年度）

2001（平成13）年7月
2001.7.6 閣議決定 仕事と子育ての両立支援等の方針（待機児童ゼロ作戦等）

2002（平成14）年9月
厚生労働省まとめ 少子化対策プラスワン

2003（平成15）年7月
2003.9.1 施行 少子化社会対策基本法

9月
2003.7.16から段階施行 次世代育成支援対策推進法

2004（平成16）年6月
2004.6.4 閣議決定 少子化社会対策大綱

2004（平成16）年12月
2004.12.24 少子化社会対策会議決定 子ども・子育て応援プラン（2005年度～09（平成21）年度）

2005（平成17）年4月
地方公共団体、企業等における行動計画の策定・実施

2006（平成18）年6月
2006.6.20 少子化社会対策会議決定 新しい少子化対策について

2007（平成19）年12月
2007.12.27 少子化社会対策会議決定 「子どもと家族を応援する日本」重点戦略

仕事と生活の調和（ワーク・ライフ・バランス）憲章 仕事と生活の調和推進のための行動指針

2008（平成20）年2月
「新待機児童ゼロ作戦」について

2010（平成22）年1月
2010.1.29 閣議決定 子ども・子育てビジョン

2010.1.29 少子化社会対策会議決定 子ども・子育て新システム検討会議

2010（平成22）年11月
待機児童解消「先取り」プロジェクト

2012（平成24）年3月
2012.3.2 少子化社会対策会議決定 子ども・子育て新システムの基本制度について

2012.3.30 閣議決定 子ども・子育て新システム関連3法案を国会に提出
2012.8.10 法案修正等を経て子ども・子育て関連3法が可決・成立（2012.8.22から段階施行）

2012（平成24）年8月
子ども・子育て支援法等子ども・子育て関連3法

2013（平成25）年4月
待機児童解消加速化プラン

2013（平成25）年6月
2013.6.7 少子化社会対策会議決定 少子化危機突破のための緊急対策

2014（平成26）年11月
2014.11.28（一部規定は同年12.2）施行 まち・ひと・しごと創生法

2014（平成26）年12月
2014.12.27 閣議決定 長期ビジョン・総合戦略

2015（平成27）年3月
2015.3.20 閣議決定 少子化社会対策大綱

2015（平成27）年4月
2015.4.1 子ども・子育て支援新制度本格施行

2015.4.1～2025.3.31 次世代育成支援対策推進法延長

2016（平成28）年4月
2016.4.1 施行 子ども・子育て支援法改正

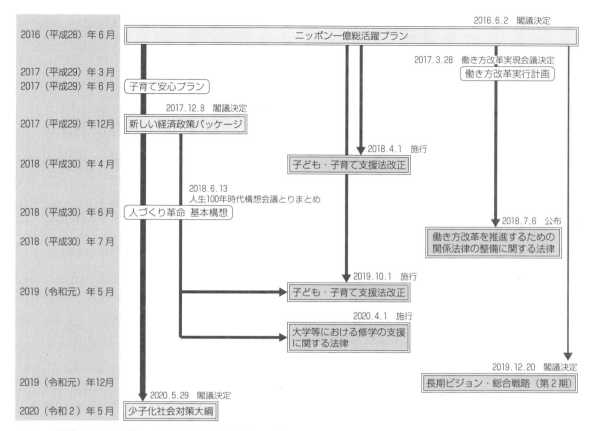

出典　内閣府「令和2年版　少子化社会対策白書」2020年　pp.61−62

談、教育についての事業を加えた幅広い施策となっていった。

(2)　少子化対策プラスワン

　2002（平成14）年1月、国立社会保障・人口問題研究所による将来推計人口発表され、将来、夫婦出生率の低下や合計特殊出生率の減少傾向が予測された。このような少子化の流れを変えるため、同年9月、厚生労働省により「少子化対策プラスワン」が策定された。これは、「少子化対策推進基本方針」のもと、子育てをする家庭の視点を盛り込み、より少子化対策を推進するという考え方に基づいている。①男性を含めた働き方の見直し、②地域における子育て支援、③社会保障における次世代育成支援、④子どもの社会性の向上や自立の促進という柱のもと、国や地方公共団体、企業に総合的かつ計画的な取り組みを求めた内容である。このような流れから、2003（同15）年7月、「次世代育成支援対策推進法」*3が制定され、次代の社会を担う子どもが健やかに生まれ、かつ、育成される環境の整備を図るために、次世代

＊3　次世代育成対策推進法
　2015（平成7）年までの時限立法であったが、2015（平成27）年4月の法改正により、期限が2025（令和7）年3月31日まで延長された。

育成支援対策の基本理念が定められ、国による行動計画の策定指針、地方公共団体と事業主に行動計画の策定と実施が求められた*4。

(3) 子ども・子育て応援プラン

ここまでの少子化対策も十分な成果はあがらず、2003（平成15）年７月、「少子化社会対策基本法」が制定された。この法律は、少子化対策の基本理念を明らかにし、少子化に的確に対処するための施策を総合的に推進するためのものであり、これをもとに翌2004（同16）年６月、「少子化社会対策大綱」が閣議決定された。さらに同年12月、新たな５か年計画として「少子化社会対策大綱に基づく重点施策の具体的実施計画について（子ども・子育て応援プラン）」が策定された。「少子化社会対策大綱」に掲げられた４つの重点課題*5に沿って、具体的な施策内容と目標が提示された。また、「子どもが健康に育つ社会」「子どもを生み、育てることに喜びを感じることのできる社会」への転換がどのように進んでいるのかがわかるよう、おおむね10年後を展望した「目指すべき社会の姿」が示された。

(4) 新しい少子化対策について

2005（平成17）年、明治時代の統計開始以降はじめて出生数が死亡数を下回り、人口減少が加速度的に進むことが懸念された。同年より、「子ども・子育て応援プラン」に基づく少子化対策が始まっていたものの、抜本的な対策の方向性の転換を図ることとなった。それが2006（同18）年６月、少子化社会対策会議により決定した「新しい少子化対策について」である。そこでは、社会全体の意識改革、働き方改革、妊娠・出産から高校・大学生になるまでの子どもの成長に応じた総合的な子育て支援策の推進などが提起された。

2007（平成19）年２月の少子化社会対策会議において、「子どもと家族を応援する日本」重点戦略検討会議を発足、同年12月には『『子どもと家族を応援する日本』重点戦略」が取りまとめられ、「ワーク・ライフ・バランス*6の実現」と「包括的な次世代育成支援の枠組みの構築」*7を並行的に取り組んでいくことが提言された。また仕事と生活の調和推進官民トップ会議*8により、「仕事と生活の調和（ワーク・ライフ・バランス）憲章」と「仕事と生活の調和推進のための行動指針」が策定された。

(5) 子ども・子育て支援新制度

① 「子ども・子育て支援新制度」成立の経緯

2010（平成22）年１月、国は「少子化社会対策大綱」を見直し（第２次）、

社会全体で子育てを支え、個々人の希望がかなう社会の実現を基本理念とする「子ども・子育てビジョン」を閣議決定した。子どもを主人公（チルドレンファースト）として、生活と仕事と子育ての調和をめざし、これまでの少子化対策から子ども・子育て支援への方向転換がより明確に打ち出されたものとなった。2010（同22）年からの5年間でめざすべき社会への政策として4つの柱*9と12の主要施策を定めた。ここでは保育所の待機児童の解消、地域の子育て力の向上、ワーク・ライフ・バランスの推進などについて、2014（同26）年までにめざすべき施策の数値目標が示された。

　2012（平成24）年3月の少子化社会対策会議において、「子ども・子育て関連3法」*10案が国会に提出され、同年8月に可決・成立した。この法律に基づき、2015（平成27）年度より「子ども・子育て支援新制度」が本格的にスタートすることとなった。なお、この新制度がスタートする直前（同年3月）、「少子化社会対策大綱」が見直された（第3次）。

②　子ども・子育て支援新制度

　「子ども・子育て支援新制度」（以下「新制度」）の内容は、前述の「子ども・子育て関連3法」に基づき定められている。保護者が子育てについての第一義的責任を有するという基本的認識のもとに、幼児期の学校教育・保育、地域の子ども・子育て支援を総合的に推進するということがこの3法の趣旨である。2019（令和元）年の「子ども・子育て支援法」の改正の際には、子ども・子育て支援の内容や水準について、すべての子どもが健やかに成長するように支援するものであって、良質かつ適切なものであることに加え、子どもの保護者の経済的負担の軽減に適切に配慮されたものとする旨が基本理念に追加された。図3-3に新制度の概要を、また図3-4に新制度の給付・事業の全体像示す。

　市町村が実施主体となり、地域のニーズに基づいた計画を策定し、給付や事業を実施するとともに、国や都道府県は、実施主体である市町村を重層的に支えるという構造となっている（2016（平成28）年には、国が実施主体となる事業も創設された）。財源については、消費税率の引き上げによる、国および地方の恒久的な財源の確保を前提としている（社会全体で費用を負担する）。

　組織としては、制度ごとにバラバラであった政府の推進体制を整備するために、内閣府に子ども・子育て本部が設置された。さらに、有識者、地方公共団体、事業主代表・労働者代表、子育て当事者、子育て支援当事者等（子ども・子育て支援に関する事業に従事する者）が、子育て支援の政策プロセス等に参画・関与することができる仕組みとして、子ども・子育て会議を国に設置し、市町村等に地方版子ども・子育て会議の設置努力義務を課した。

*9　4つの柱
　①子どもの育ちを支え、若者が安心して成長できる社会へ、②妊娠、出産、子育ての希望が実現できる社会へ、③多様なネットワークで子育て力のある地域社会へ、④男性も女性も仕事と生活が調和する社会へ（ワーク・ライフ・バランスの実現）。

*10　子ども・子育て関連3法
　「子ども・子育て支援法」「就学前の子どもに関する教育、保育等の総合的な提供の推進に関する法律の一部を改正する法律」「子ども・子育て支援法及び就学前の子どもに関する教育、保育等の総合的な提供の推進に関する法律の一部を改正する法律の施行に伴う関係法律の整備等に関する法律」の3法を指す。

図３－３　子ども・子育て支援新制度の概要

子ども・子育て支援給付その他の子ども及び子どもを養育している者に必要な支援

子ども・子育て支援給付	その他の子ども及び子どもを養育している者に必要な支援

子どものための教育・保育給付

認定こども園・幼稚園・保育所・小規模保育等に係る共通の財政支援

施設型給付

認定こども園　0～5歳

幼保連携型

※幼保連携型については、認可・指導監督の一本化、学校及び児童福祉施設としての法的位置づけを与える等、制度改善を実施

幼稚園型	保育所型	地方裁量型

幼稚園　3～5歳	保育所　0～5歳

※私立保育所については、児童福祉法第24条により市町村が保育の実施義務を担うことに基づく措置として、委託費を支弁

地域型保育給付

小規模保育、家庭的保育、居宅訪問型保育、事業所内保育

子育てのための施設等利用給付

幼稚園〈未移行〉、認可外保育施設、預かり保育等の利用に係る支援

施設等利用費

幼稚園〈未移行〉

特別支援学校

預かり保育事業

認可外保育施設等
・認可外保育施設
・一時預かり事業
・病児保育事業
・子育て援助活動支援事業（ファミリー・サポート・センター事業）

※認定こども園（国立・公立大学法人立）も対象

地域子ども・子育て支援事業

地域の実情に応じた子育て支援

・利用者支援事業
・地域子育て支援拠点事業
・一時預かり事業
・乳児家庭全戸訪問事業
・養育支援訪問事業等
・子育て短期支援事業
・子育て援助活動支援事業（ファミリー・サポート・センター事業）

・延長保育事業
・病児保育事業
・放課後児童クラブ

・妊婦健診
・実費徴収に係る補足給付を行う事業（幼稚園〈未移行〉における低所得者世帯等の子どもの食材費（副食費）に対する助成）
・多様な事業者の参入促進・能力活用事業

仕事・子育て両立支援事業

仕事と子育ての両立支援

・企業主導型保育事業
⇒事業所内保育を主軸とした企業主導型の多様な就労形態に対応した保育サービスの拡大を支援（整備費、運営費の助成）

・企業主導型ベビーシッター利用者支援事業
⇒繁忙期の残業や夜勤等の多様な働き方をしている労働者が、低廉な価格でベビーシッター派遣サービスを利用できるよう支援

市町村主体 ／ 国主体

資料　厚生労働省「幼児教育・保育の無償化に係る子ども・子育て支援法の一部を改正する法律の審議の報告」2019年　p.4一部改変
https://www.mhlw.go.jp/content/12601000/000514183.pdf

新制度の主な特徴・経緯を以下にあげる。

・「施設型給付」と「地域型保育給付」の創設（2015（平成27）年）

　　新制度における給付「子ども・子育て支援給付」には、「子どものための現金給付」と「子どものための教育・保育給付」の２種類があり、「子どものための現金給付」は児童手当の支給を指す。新制度では、「子どものための教育・保育給付」として「施設型給付」と「地域型保育給付」が創設された。施設型給付は、これまで教育と福祉において別々に行われてきた財政支援を一本化し、幼保連携型認定こども園、幼稚園、保育所への給付を共通化するものである。地域型保育給付は、市町村の認可事業である小規模保育、

図3－4　子ども・子育て支援新制度の給付・事業の全体像

子ども・子育て支援給付

児童手当等交付金
児童手当法等に基づく児童手当等の給付
【国：2/3、都道府県：1/6、市町村：1/6等】

子どものための教育・保育給付
教育・保育給付認定子どもが認定こども園、幼稚園、保育所等において特定教育・保育などを受けた場合の給付
【国：1/2、都道府県：1/4、市町村：1/4等】
・施設型給付費…幼稚園、保育所、認定こども園
※公立幼稚園・保育所は市町村10/10
・地域型保育給付費…家庭的保育、小規模保育、居宅訪問型保育、事業所内保育

子育てのための施設等利用給付
施設等利用給付認定子どもが幼稚園（未移行）、特別支援学校、預かり保育、認可外保育施設等において特定教育・保育等を受けた場合の利用料の給付
【国：1/2、都道府県：1/4、市町村：1/4】
・施設等利用費…認定こども園、幼稚園、特別支援学校、認可外保育施設、預かり保育事業、一時預かり事業、病児保育事業、子育て援助活動支援事業（ファミリー・サポート・センター事業）

その他の子ども及び子どもを養育している者に必要な支援

子ども・子育て支援交付金
利用者支援事業、地域子育て支援拠点事業、一時預かり事業、子育て援助活動支援事業（ファミリー・サポート・センター事業）、病児保育事業、実費徴収に係る補足給付を行う事業（幼稚園（未移行）における低所得者世帯等の子どもの食材費（副食費）に対する助成）等の地域子ども・子育て支援事業
【国：1/3、都道府県：1/3、市町村：1/3】

仕事・子育て両立支援事業
・企業主導型保育事業
【国10/10（事業主拠出金を原資）】
・企業主導型ベビーシッター利用者支援事業
【国10/10（事業主拠出金を原資）】

〈国から都道府県・市町村への資金交付のイメージ〉

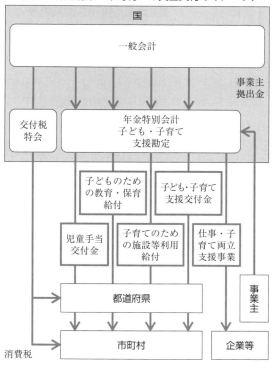

資料　図3－3に同じ　p.5

　家庭的保育、居宅訪問型保育、事業所内保育への給付であり、都市部における待機児童解消とともに、子どもの数が減少傾向にある地域の保育機能の確保に対応するものである。

・認定こども園制度の改善（2015（平成27）年）

　就学前教育・保育に対するニーズの多様化に応えるため、2006（平成18）年に「就学前の子どもに関する教育、保育等の総合的な提供の推進に関する法律」（認定こども園法）が制定され、幼稚園と保育所の長所を生かした新しい仕組みが設けられた。保護者の就労の有無を問わず、あらゆる子育て家庭を対象とした支援を行う施設を「認定こども園」として認定する仕組みがスタートしたのである。しかし、保育所は厚生労働省、幼稚園は文部科学省と所管である省が異なり、さまざまな弊害が指摘された。そのため、新制度に

おいては、認定こども園法の改正により、単一の施設として認可や指導監督などを内閣府に一本化し、新たに創設された幼保連携型認定こども園を学校および児童福祉施設として法的に位置づけた。

・地域の実情に応じた子ども・子育て支援の充実（2015（平成27）年）

　市町村が地域の実情に応じて、市町村子ども・子育て支援事業計画に従って実施する事業である。表3－1に示す事業を「地域子ども・子育て支援事

表3－1　地域子ども・子育て支援事業の概要

利用者支援事業	子どもおよびその保護者等の身近な場所で、教育・保育・保健その他の子育て支援の情報提供および必要に応じ相談・助言等を行うとともに、関係機関との連絡調整等を実施する事業
地域子育て支援拠点事業	乳幼児およびその保護者が相互の交流を行う場を提供し、子育てについての相談、情報の提供、助言その他の援助を行う事業
妊婦健康診査	妊婦の健康の保持および増進を図るため、妊婦に対する健康診査として、①健康状態の把握、②検査計測、③保健指導を実施するとともに、妊娠期間中の適時に必要に応じた医学的検査を実施する事業
乳児家庭全戸訪問事業	生後4か月までの乳児のいるすべての家庭を訪問し、子育て支援に関する情報提供や養育環境等の把握を行う事業
養育支援訪問事業	養育支援が特に必要な家庭に対して、その居宅を訪問し、養育に関する指導・助言等を行うことにより、当該家庭の適切な養育の実施を確保する事業
子どもを守る地域ネットワーク機能強化事業（その他要保護児童等の支援に資する事業）	要保護児童対策協議会（子どもを守る地域ネットワーク）の機能強化を図るため、調整機関職員やネットワーク構成員（関係機関）の専門性強化と、ネットワーク機関間の連携強化を図る取り組みを実施する事業
子育て短期支援事業	保護者の疾病等の理由により家庭において養育を受けることが一時的に困難となった児童について、児童養護施設等に入所させ、必要な保護を行う事業（短期入所生活援助事業（ショートステイ事業）および夜間養護等事業（トワイライトステイ事業））
子育て援助活動支援事業（ファミリー・サポート・センター事業）	乳幼児や小学生等の児童を有する子育て中の保護者を会員として、児童の預かり等の援助を受けることを希望する者と当該援助を行うことを希望する者との相互援助活動に関する連絡、調整を行う事業
一時預かり事業	家庭において保育を受けることが一時的に困難となった乳幼児について、主として昼間において、認定こども園、幼稚園、保育所、地域子育て支援拠点その他の場所において、一時的に預かり、必要な保護を行う事業
延長保育事業	保育認定を受けた子どもについて、通常の利用日および利用時間以外の日および時間において、認定こども園、保育所等において保育を実施する事業
病児保育事業	病児について、病院・保育所等に付設された専用スペース等において、看護師等が一時的に保育等する事業
放課後児童クラブ（放課後児童健全育成事業）	保護者が労働等により昼間家庭にいない小学校に就学している児童に対し、授業の終了後に小学校の余裕教室、児童館等を利用して適切な遊びおよび生活の場を与えて、その健全な育成を図る事業
実費徴収に係る補足給付を行う事業	保護者の世帯所得の状況等を勘案して、特定教育・保育施設等に対して保護者が支払うべき日用品、文房具その他の教育・保育に必要な物品の購入に要する費用又は行事への参加に要する費用等を助成する事業
多様な事業者の参入促進・能力活用事業	特定教育・保育施設等への民間事業者の参入の促進に関する調査研究その他多様な事業者の能力を活用した特定教育・保育施設等の設置又は運営を促進するための事業

資料　内閣府「子ども・子育て支援新制度ハンドブック施設事業者向け（平成27年7月改訂版）」2015年　pp.17－18をもとに作成

業」として法的に位置づけ、財政支援の強化*11を行っている。

・「仕事・子育て両立支援事業」の創設（2016（平成28）年）

2013（平成25）年4月、厚生労働省により「待機児童解消加速化プラン」が策定され、待機児童の解消を図るために、2017（同29）年度末までの5年間で保育の受け皿を40万人分整備するという目標が掲げられた*12。これを受け、2016（同28）年4月、「子ども・子育て支援法」が改正され、国が実施主体となる「仕事・子育て両立支援事業」が創設された。事業所内保育業務を目的とする施設への助成や援助を行う事業であり、企業主導型保育事業とベビーシッター等利用者支援事業がある。

・子育てのための施設等利用給付の創設（2019（令和元）年）

子育てを行う家庭の経済的負担の軽減を図るため、市町村の確認を受けた幼児期の教育および保育等を行う施設等の利用に関する新たな給付制度が創設された（対象施設：子どものための教育・保育給付の対象外である幼稚園、特別支援学校の幼稚部、認可外保育施設、預かり保育事業、一時預かり事業、病児保育事業等）。支給要件は、市町村の認定を受けた3歳から小学校就学前までの子ども、および0〜2歳の保育の必要性がある住民税非課税世帯の子どもである。費用は、原則、国が2分の1、都道府県が4分の1、市町村が4分の1を負担する。

2020（令和2）年5月、第4次となる「少子化社会対策大綱」が策定された。希望出生率1.8の実現に向け、令和の時代にふさわしい環境を整備し、国民が結婚や妊娠・出産、子育てに希望を見出せるとともに、男女が互いの生き方を尊重しつつ、主体的な選択により、希望する時期に結婚でき、かつ、希望するタイミングで希望する数の子どもをもてる社会をつくることを基本目標とする*13。基本的な考え方は、①結婚・子育て世代が将来にわたる展望を描ける環境をつくる、②多様化する子育て家庭のさまざまなニーズにこたえる、③地域の実情に応じたきめ細かな取り組みを進める、④結婚や妊娠・出産、子ども・子育てに温かい社会をつくる、⑤科学技術の成果など新たなリソースを積極的に活用することである。

*11　財政支援の強化
国や都道府県は、子ども・子育て支援法に基づき、表1−1の事業費用（妊婦健康診査は除外）にあてるための交付金を交付することができる（費用負担の割合は、国・都道府県・市町村それぞれ3分の1）。

*12
のちに50万人分に上積みされた。2018（平成30）年度からは「子育て安心プラン」として新たに2年間の整備目標を、さらに2021（令和3）年度からは「新子育て安心プラン」として4年間の整備目標を掲げた。

*13
結婚や妊娠・出産、子育ては個人の自由な意思決定に基づくものであり、個々人の決定に特定の価値観を押し付けたり、プレッシャーを与えたりすることがあってはならないことに十分留意することを前提とする。

2　子育て家庭を支えるサービス

ここでは、子育て家庭支援のための主なサービスについて、保育・教育施設などにおける事業、地域活動、母子保健施策、経済的支援を取り上げる。

1．保育所・幼稚園・認定こども園等による子育て支援サービス

　近年、核家族化の進行や保護者の就労形態の多様化など、子どもや家庭を取り巻く環境は大きく変化している。それに伴い、保育においてさまざまなニーズに対応したサービスが求められている。それら多様なニーズに応えるため、以下のような保育事業が実施されている。

⑴　一時預かり事業

　保護者の育児疲れや急病などを含め、日常生活上の突発的な事情や社会参加などにより、一時的に家庭での保育が困難となった乳幼児を保育所等で一時的に預かる事業である（表3-2）。

表3-2　一時預かり事業の類型

類　型	概　要
一般型	家庭において保育を受けることが一時的に困難となった乳幼児について、保育所その他の場所で一時的に預かり、必要な保護を行う。
幼稚園型Ⅰ	幼稚園、認定こども園に在籍している園児を主な対象として、教育時間の前後又は長期休業日等に預かり必要な保護を行う。
幼稚園型Ⅱ	幼稚園において、保育を必要とする2歳児の受け皿として、定期的な預かりを行う。
余裕活用型	保育所等において、利用児童数が定員に達していない場合に、定員まで一時預かり事業として受け入れる。
居宅訪問型	家庭において保育を受けることが一時的に困難となった乳幼児について、乳幼児の居宅において一時的に預かり、必要な保護を行う。
地域密着Ⅱ型	主に保育所、幼稚園、認定こども園等に通っていない(在籍していない)乳幼児を対象に地域子育て支援拠点等で一時的に預かり、必要な保護を行う。

⑵　延長保育事業

　保育認定を受けた子どもについて、通常の利用日や利用時間以外の日時間に、保育所や認定こども園、小規模保育事業所、事業所内保育事業所等において引き続き保育を実施する事業である。一般型（標準時間認定：11時間の開所時間を超えて保育を実施する事業、短時間認定：各事業所が設定した短時間認定児の処遇を行う時間を超えて保育を実施する事業）と訪問型（居宅訪問型保育事業を利用する児童で利用時間を超えて保育を実施する事業）がある。

(3)　病児保育事業

　保護者が就労している場合、子どもが病気の際に自宅での保育が困難な場合がある。そのようなときに、病院・保育所等において病気の子ども一時的に保育するなど、安心して子育てができる環境を整備するための事業である（表3−3）。

表3−3　病児保育事業の種類

	概　要
病児対応型	子どもの病気が回復期に至っておらず、さらに当面の症状の急変が認められない場合、病院・診療所、保育所に付設された専用スペースで一時的に保育を行う。
病後児対応型	子どもの病気が回復期にはあるが集団保育が困難な期間、病院・診療所、保育所等に付設された専用スペースで一時的に保育を行う。
体調不良児対応型	子どもが保育中に微熱を出すなどの体調不良となった場合、安心かつ安全な体制を確保するための保育所における緊急的・保健的な対応を行う。
非施設型（訪問型）	子どもが回復期に至っていない場合や回復期ではあるが集団保育が困難な期間、子どもの自宅において一時的に保を行う。
送迎対応	保育中に体調不良となった子どもを送迎、病院・診療所、保育所等に付設された専用スペース、または本事業のための専用施設で一時的に保育する（施設には看護師等を配置）。

(4)　夜間保育事業

　夜間、保護者の就労等により保育に欠ける子どもに対し、保育を行う事業である。夜間保育のみを行う夜間保育専門の保育所や既存の施設（保育所、乳児院、母子生活支援施設等）に併設された保育所を原則としている。またこれ以外に、既設の保育所において当該施設の認可定員の範囲内で、通常の保育と夜間保育とを行うことも可能である。

(5)　休日保育事業

　休日（日曜日・祝日等）において、保護者全員が就労などで子どもの保育ができない場合、保育所、認定こども園、小規模保育施設等において保育を行う事業である。

2．地域型保育事業による子育て支援サービス

　地域型保育事業は、待機児童の解消をめざし、保育所より少人数の単位（原則19人以下）で、0〜2歳の子どもの保育を行う事業である。2015（平成27）

表3-4　地域型保育事業の種類

	概　要
小規模保育事業	少人数（定員6～19人）を対象に、保育者の居宅や施設等において行われる。認可基準ごとにA型（職員資格：保育士）、B型（同：1／2以上が保育士）、C型（同：家庭的保育者）がある。
家庭的保育事業	少人数（定員5人以下）を対象に、保育者の居宅や施設等において、家庭的保育者（市町村長が行う研修を修了した保育士、保育士と同等以上の知識および経験を有すると市町村長が認める者）により行われる。
事業所内保育事業	従業員の子ども、地域の保育を必要とする子どもを対象に、会社の事業所の保育施設等で行われる。定員20名以上の場合は保育所と同じ認可基準、19名以下の場合は小規模保育A型、B型と同じ認可基準である。
居宅訪問型保育事業	障害・疾患など個別のケアが必要な子どもや、施設が無くなった地域で保育を維持する必要がある子どもを対象に、保護者の自宅において1対1で行われる。必要な研修を修了し、保育士、保育士と同等以上の知識および経験を有すると市町村長が認める者が実施することができる。

年の新制度により創設された市町村による認可事業であり、「児童福祉法」に位置づけたうえで、地域型保育給付の対象とし、多様な施設や事業のなかから利用者が選択できる仕組みとなっている。地域型保育では、保育内容の支援や卒園後の受け皿の役割を担う連携施設（保育所、幼稚園、認定こども園）が設定されている（表3-4）。

3．その他の子育て支援サービス

(1)　企業主導型保育事業

＊14　認可外保育施設
　「児童福祉法」に基づく都道府県知事などの認可を受けていない保育施設。

　新制度の発足に伴い2016（平成28）年に創設された認可外保育施設＊14である。従業員の子どもを対象としているが、地域住民の子どもを受け入れることも可能である。従業員の多様な働き方に応じた保育を提供する企業等を支援するとともに、待機児童対策に貢献することを目的としている。定員数にかかわらず、保育士の配置数は全体の2分の1である。

(2)　ベビーホテル

　認可外保育施設であり、①夜8時以降の保育を行っている、②宿泊を伴う保育を行っている、③利用児同の半数以上が一時預かりであるという要件のうち、どれか1つが該当する施設を指す。施設都道府県知事などへの届出が義務づけられており、年1回以上の立ち入り調査が必ず行われている。

（3）　地域活動

　高い専門性をもつ職員がいる相談機関以外にも、子育て支援を担っている活動がある。それが日常的に子どもとその親や他の家族にかかわることができ、より身近な存在となっている地域活動である。これらの活動は、地域の実情に即しており、子どもや保護者のニーズに柔軟に応えることができるものとなっている。

①　母親クラブ

　児童館などの福祉施設を拠点として、相互の親睦を図り、子どもを取り巻くさまざまな問題について協力し解決に向けての取り組みを行っている組織である。活動分野は、①親子および世代間の交流、②児童養育に関する研修活動、③児童事故防止のための活動、④児童館日曜等開館活動、⑤その他児童福祉の向上に寄与する活動の５つである。

②　子育てサークル・子育てサロン

　子育てサークルとは、子育てに関する保護者同士の相互交流や仲間作りを目的として、子ども同士を遊ばせるグループ活動である。親同士の呼びかけで自然発生的に結成されたもの、保育所や児童館などが意図的に結成を促したものなど、発足のきっかけはさまざまである。運営形態は、保護者たちが当番制で企画・運営にかかわるもの、主催者が企画・運営し、親子が参加するものなどがある。

　子育てサロンとは、社会福祉協議会や主任児童委員[*15]などの地域の子育て家庭支援にかかわる支援者が集会所などにおいて運営を行う、乳幼児をもつ保護者が集まり交流する場である。活動内容は、自由遊びを中心として季節の行事を行ったり、保護者同士が情報交換や友達づくりをしたりする。また専門知識のある相談員が参加することもある。

４．母子保健の施策

　母子保健施策は、「母子保健法」や「児童福祉法」に基づき、母子を通じた一貫性のある施策として展開されてきている。母子保健の水準は、国の衛生状態や教育や経済を含めた社会状況を反映するとされており、その水準を示す指標となる日本の妊産婦死亡率・乳児死亡率は、戦後急速に改善し世界有数の低率国となった。しかし近年の社会状況の変化とともに、さらなる施策の充実強化が必要となってきた。図３－５は、母子保健関連施策の体系である。

　母子保健事業の実施機関としては、都道府県等と市町村とがあるが、地域に密着したサービスについては、市町村の役割が大きい（図３－６）。

*15　**主任児童委員**
　市町村の区域に置かれ、地域の子どもたちが元気に安心して暮らせるように、子どもたちを見守り、子育ての不安や妊娠中の心配ごとなどの相談・援助等を行う（民生委員は、児童委員を兼ねる）。主任児童委員は、関係機関等と児童委員との連絡調整や、児童委員の活動に対する援助・協力を行う。

図3－5　母子保健関連施策体系

(2017（平成29）年3月現在)

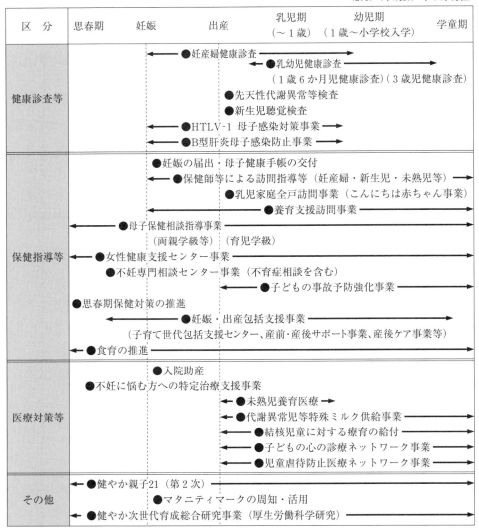

区　分	思春期	妊娠	出産	乳児期（～1歳）	幼児期（1歳～小学校入学）	学童期

健康診査等
- ●妊産婦健康診査
- ●乳幼児健康診査（1歳6か月児健康診査）（3歳児健康診査）
- ●先天性代謝異常等検査
- ●新生児聴覚検査
- ●HTLV-1 母子感染対策事業
- ●B型肝炎母子感染防止事業

保健指導等
- ●妊娠の届出・母子健康手帳の交付
- ●保健師等による訪問指導等（妊産婦・新生児・未熟児等）
- ●乳児家庭全戸訪問事業（こんにちは赤ちゃん事業）
- ●養育支援訪問事業
- ●母子保健相談指導事業（両親学級等）（育児学級）
- ●女性健康支援センター事業
- ●不妊専門相談センター事業（不育症相談を含む）
- ●子どもの事故予防強化事業
- ●思春期保健対策の推進
- ●妊娠・出産包括支援事業（子育て世代包括支援センター、産前・産後サポート事業、産後ケア事業等）
- ●食育の推進

医療対策等
- ●入院助産
- ●不妊に悩む方への特定治療支援事業
- ●未熟児養育医療
- ●代謝異常等特殊ミルク供給事業
- ●結核児童に対する療育の給付
- ●子どもの心の診療ネットワーク事業
- ●児童虐待防止医療ネットワーク事業

その他
- ●健やか親子21（第2次）
- ●マタニティマークの周知・活用
- ●健やか次世代育成総合研究事業（厚生労働科学研究）

資料　厚生労働省『令和2年版　厚生労働白書』資料編　p.191

　「健やか親子21」は、21世紀の母子保健の取り組みの方向性と目標や指標を示す基盤であり、関係者が一体となって推進する母子保健の国民運動計画である。2000（平成12）年11月、専門家による「健やか親子21検討会」によって報告書としてまとめられ、2001年度から2014年度まで実施された。2015（同27）年4月より、「健やか親子21（第2次）」が、10年計画で実施されている。10年後にめざす姿を「すべての子どもが健やかに育つ社会」として、すべての国民が地域や家庭環境等の違いにかかわらず、同じ水準の母子保健サービスが受けられることがめざされている。第1次の課題を見直し、以下の3つの基盤課題と2つの重点課題が示された。

図３－６　母子保健事業の推進体制

	市町村（市町村保健センター） ○基本的母子保健サービス		都道府県等（保健所） ○専門的母子保健サービス
健康診査等	・妊産婦、乳幼児（１歳６か月児、 　３歳児）の健康診査		・先天性代謝異常等検査
保健指導等	・母子健康手帳の交付 ・婚前学級、両親学級、育児学級等	←技術的援助	・不妊専門相談、女性の健康教育等
訪問指導	・妊産婦、新生児訪問指導、未熟児 　訪問指導療養援護等		
	・未熟児養育医療		

資料　図３－５に同じ　p.190

```
＜基盤課題＞
　Ａ：切れ目ない妊産婦・乳幼児への保健対策
　Ｂ：学童期・思春期から成人期に向けた保健対策
　Ｃ：子どもの健やかな成長を見守り育む地域づくり
＜重点課題＞
　１：育てにくさを感じる親に寄り添う支援
　２：妊娠期からの児童虐待防止策
```

「母子保健法」に基づき市町村に設置されていた「母子健康センター」の名称が、2017（平成29）年度より「母子健康包括支援センター」*16（厚生労働省の通知上は「子育て世代包括支援センター」）となり、市区町村に設置することが努力義務とされた。2014（同26）年度から実施されている妊娠・出産包括支援事業と、2015（同27）年度から開始された「子ども・子育て支援新制度」の利用者支援や子育て支援などを包括的に運営する機能を担うものであり、専門知識を生かしながら利用者の視点に立った妊娠・出産・子育てに関する支援のマネジメントを行うことが期待されている。

5．経済的支援

2016（平成28）年６月、少子高齢化に立ち向かうため、「希望出生率1.8」と「介護離職ゼロ」をめざし、「ニッポン一億総活躍プラン」が閣議決定された。このプランでは、2016〜2025年度の10年間の課題のロードマップ（展開を示した計画案）が示されている。「希望出生率1.8」の実現に向け、同一労働同一賃金等の働き方改革や保育士の処遇改善、奨学金制度の拡充、マザーズハローワーク*17の拡充等のさまざまな対策が行われている。

*16　母子健康包括支援センター
　2016（平成28）年６月に閣議決定された「ニッポン一億総活躍プラン」においても、2020年度末までに同センターの全国展開をめざすこととされている。

*17　マザーズハローワーク
　子育てをしながら就職を希望する人に対し、キッズコーナーの設置など子ども連れで来所しやすい環境の整備、担当者制による職業相談、地方公共団体等との連携による保育所等の情報提供、仕事と子育ての両立がしやすい求人情報の提供など、総合的かつ一貫した就職支援を行っている。未設置県の主要ハローワークにはマザーズサロンが、同じく未設置県の地域の中核都市にはマザーズコーナーが設置されている。

65

2017（平成29）年12月に閣議決定された「新しい経済政策パッケージ」では、「人づくり革命」として、子育て世代や子どもたちに大胆に政策資源を投入することによって社会保障制度を全世代型へと改革することが示された。これに伴い2019（令和元）年５月に「子ども・子育て支援法」が改正され、同年10月より、幼児教育・保育の無償化が実施されることとなった。

「育児休業、介護休業等育児又は家族介護を行う労働者の福祉に関する法律」は、育児や家族の介護を行う労働者の職業生活と家庭生活との両立を図ることを目的として、1991（平成３）年に制定された法律である[18]。具体的には、雇用主に対し、育児休業・介護休業制度の設置や時間外労働や所定外労働の制限、不利益取り扱いの禁止等（2017（同29）年）９月改正）を求める内容となっている。また、2019（令和元）年12月の改正では、育児や介護を行う労働者が、子どもの看護休暇や介護休暇を時間単位で取得することができるようになった（2021（同３）年１月１日施行）。

＊18
　成立当時は「育児休業等に関する法律」。以降、何度かの改題・改正を経て現在の法律に至っている。

3　子育て家庭を支える相談機関

以下の相談機関では、子育てや障害、虐待問題など幅広く専門的な知識や技術を提供している。これらの機関では、高い専門性をもつ職員がおり、子どもとその親や他の家族の抱えているさまざまな問題や悩みにその専門性を生かして対応することができる。

⑴　保育所、幼稚園、認定こども園

2012（平成24）年に成立した「子ども・子育て支援法」第７条第４項では、教育・保育施設として、認定こども園、幼稚園、保育所が規定されている。いずれも、日々保育・教育を行い、子どもや子育て家庭と日常向き合う、保護者や子どもにとって最も身近な専門家のいる施設であるといえる。

①　保育所（認可保育所）

保育所は、保育を必要とする乳児・幼児を保護者の下から通わせて保育を行う事を目的とする児童福祉施設である（児童福祉法第39条）。また第二種社会福祉事業として、「社会福祉法」第２条第３項２号に規定されている。

保育所の保育は、養護と教育を一体的に行う特性をもち（児童福祉施設の設備及び運営に関する基準第35条）、保育の内容は「保育所保育指針」に基づき実施されている。

②　幼稚園

　幼稚園は、義務教育およびその後の教育の基礎を培うものとして、幼児を保育し、幼児の健やかな成長のために適当な環境を与えて、その心身の発達を助長することを目的とし（学校教育法第22条）、満３歳から小学校就学の始期に達するまでの幼児を対象とした（同法第26条）教育施設である。教育課程等の内容は、「幼稚園教育要領」に基づき実施されている。

③　認定こども園

　認定こども園は、2006（平成18）年に成立した「就学前の子どもに関する教育、保育等の総合的な提供の推進に関する法律」（認定こども園法）により誕生した教育・保育施設である。幼保連携型、幼稚園型、保育所型、地方裁量型の４つがある。

　幼保連携型認定こども園は、2012（平成24）年の法改正により学校および児童福祉施設としての法的位置づけをもつ単一の認可施設として新たに創設され（同法第２条第７項）、指導監督や財源が一元化された。また、学校教育と保育を担う職員として保育教諭をおき、幼稚園教諭免許状と保育士資格の両方の免許・資格を有していることが原則とされている（制度の施行において経過措置が設けられた）。保育や教育課程の内容は、「幼保連携型認定こども園教育・保育要領」に基づき実施されている。

(2)　児童相談所

　児童相談所は、「児童福祉法」第12条に基づき、都道府県や指定都市などに設置される行政機関である。

　かつては、あらゆる子どもや家庭の相談を児童相談所が対応していた。しかし、近年の児童虐待相談等の急増では、緊急かつより高度な専門的対応が求められ、育児不安等を背景に身近な子育て相談ニーズも増大している。このような幅広い相談すべてを児童相談所のみが受け止めることは必ずしも効率的ではなく、市町村やさまざまな機関によるきめ細やかな対応が求められている。そのため、児童相談所は、市町村相互間の連絡調整、専門的な知識および技術を要するケースへの対応、また、専門的な知識および技術等を必要とする相談について、市町村から児童相談所の技術的援助や助言などを求められた場合の情報の提供その他必要な援助を行っている。

　相談の種類は、大きくは養護相談、障害相談、非行相談、育成相談、その他の相談に分類される。

（3）　福祉事務所・家庭児童相談室

　福祉事務所は、「社会福祉法」第14条に基づき設置されている、「福祉六法」に関する業務を行う社会福祉行政の第一線機関である。都道府県や市、特別区に設置義務がある。

　家庭児童相談室は、福祉事務所の子ども家庭相談機能を充実することを目的として、福祉事務所内に任意に設置されている機関である。その業務内容は法律で明確に規定されておらず、18歳までの児童を対象とし、発達や不登校、子どもを取り巻く家庭の問題などについて相談、指導を行っている。またここでは、児童相談所より比較的軽易な問題を扱うとされている。

（4）　保健所・市町村保健センター

　保健所（都道府県等）・市町村保健センターは、保健師が中心となり、乳幼児から高齢者まで広い範囲の年代に対し多方面の支援を行っている。主な業務内容は、地域住民に対する健康相談、保健指導および健康診査、その他の地域保健に関し必要な事業を総合的に行うことである。

（5）　児童館

　「児童福祉法」第40条に規定されており、子どもに健全な遊びを与えてその健康を増進し、または情操を豊かにすることを目的とした屋内型の児童厚生施設である。18歳までの子どもであれば、誰でも自由に利用することができる。現在では、放課後児童健全育成事業（学童保育）、子育て中の母親を支援する幼児クラブ活動、不登校やいじめを受けた子どもへの対応、虐待の早期発見・早期対応など、地域福祉活動の拠点施設の一つとなっている。設置主体は、都道府県、市町村（特別区含む）、社会福祉法人等であり、小型児童館[19]、児童センター[20]、大型児童館[21]に分けられている。

*19　小型児童館
　比較的狭い地域に住む子どもを対象としている。

*20　児童センター
　小型児童館の機能に加え、遊び（主に運動）を通じた体力増進を図ることを目的とした事業や設備がある。大型児童センターでは、年長児童（中・高生）に対する育成支援を行っている。

*21　大型児童館
　都道府県内や広域に住む子どもたちを対象としている。①A型（小型児童館、児童センターの指導、連絡調整）②B型（宿泊施設、野外活動設備がある）③C型（児童館のすべての機能をもち、さらに総合的な活動が可能となる設備（劇場、屋内プール、パソコンルーム等）がある）に分類される。

〈参考文献〉
1）保育福祉小六法編集委員会編『保育福祉小六法　2020年版』みらい　2020年
2）厚生労働省編『平成30年版　厚生労働白書』2018年
3）内閣府「子ども・子育て支援新制度ハンドブック　施設事業者向け（平成27年7月改訂版）」2015年
　　https://www8.cao.go.jp/shoushi/shinseido/faq/pdf/jigyousya/handbook.pdf
4）内閣府「少子化社会対策白書　令和2年版」2020年
　　https://www8.cao.go.jp/shoushi/shoushika/whitepaper/measures/w-2020/r02pdfhonpen/r02honpen.html
5）社会福祉の動向編集委員会編『社会福祉の動向2020』中央法規出版　2020年

コラム　「橋渡し」をすること

　筆者はM県A町において、かつて乳幼児健康診査における発達相談員をしていた。A町における1歳6か月健診の事後フォロー（以下「遊びの教室」）の基本方針は、子ども自身になんらかの気になる点があるケースから、母親の居場所づくりのケースまで、幅広く親子を受け入れるというものであった。比較的小さな町であったために可能であったと思われるが、今振り返ると、障害の疑いのある子どもから元気のありあまっている子ども、極端に引っ込み思案な子どもから、子育てに悩む母親まで、親子の参加理由もさまざまであった。

　発達相談員として遊びの教室を紹介しているうちに、参加できる場所のみ提供すればよいというものではなく、うまく参加できるようなサポートこそが必要であることを強く感じた。実際、このようなグループワークに誘っても、入り口のあたりで戸惑っている人や、うまく人の輪に入れず孤立してしまう人が多いのである。そこで、筆者は教室の開始前から実際のプログラムが始まる前までのフリータイムに関して、以下のような点に気をつけて対応することにした。①教室の入り口が開いたら出迎える、②すでにできあがっている会話の輪のなかに一緒に入り、新しい参加者を紹介する、③会話がスムーズになりだしたらその場を離れる。①は、勇気をもって参加した気持ちを大事にしたい（母親にとってみればどのような場所かわからず不安な気持ちでいっぱいである）、②は、すでにできあがっている輪にはなかなか入りづらい、③は、きっかけづくりは主催者側の仕事である（と筆者は考える）、という理由からである。まったくの主観ではあるが、特に初回の参加者は、入り口に出迎えに行くとほっとした表情をみせることが多かったように感じたし、きっかけさえつくれば、見知らぬ人同士でもうまく会話が弾むことが多かったようである。子育てグループを支援する我々の重要な仕事の一つは、うまく「橋渡し」をすることではないか、ということに気づかせてもらった貴重な経験である。

第4章

◆ ◆ ◆ 子ども家庭支援の基本としての相談支援 ◆ ◆ ◆

キーポイント

> 保育士が行う子ども家庭支援のなかでは、保護者との相談支援も重要な支援である。
>
> 子ども家庭支援の基本としての相談支援は、相談という形をとりながら、家族のもてる力や家庭の機能を最大限に発揮できるように支え助けることである。保護者と子どもの力を引き出し、家庭の機能をよりよく生かすために、保育士ができる相談支援と、保護者にとってよき相談者となるための知識や留意点について学ぶ。

1 保育士が行う相談支援のあり方
──保育士に求められる基本的態度

この章で述べる相談支援*1は、保育士と保護者が顔をあわせて行うものを前提としている。これ以外にも、連絡帳、電話、電子メールなどでの相談支援も存在する。これらは、対面していないという特殊性があり、さらに匿名性が加わる場合もある。それぞれ特有の留意点はあるが、相談支援としての基本姿勢は同じである。

1. 相談支援の効用

あなたは、相談したいことがあったときに、誰に相談するだろう？ そして、相談によって何を期待しているのだろう？ では、保護者が保育士に相談するときは、何を期待して相談するのだろうか？ また、どんな保育士に相談したいと思うのだろう？ 保護者になったつもりで考えてみよう。

相談支援の効用は、表4−1のとおり大きく分けて4点である。

*1
SNSの普及や新型コロナウイルス感染症拡大防止のため、Zoom機能等を利用したオンラインでの対面相談も始まっている。お互いの顔が見える相談支援ではあるが、同じ空間を共有していないなどの相違もある。オンラインでの対面相談のメリット・デメリットについても話し合ってみよう。

表4－1　相談支援の効用

効　用	具体的な内容
①　大切にされる場	困っていたり、大変な状況のなかにあるときは、自己評価が低くなっており、自己否定感が強くなっている。あるいは精神的にかなり不安定な状態にある。そういうときに、自分のためにわざわざ時間をとって、自分を一人の人間として尊重し、話を真剣に聴いてくれる人に接することは、自分が大切にされていると感じられ、それだけで心の安定につながる。
②　感情・気持ちの発散 カタルシス効果※	自分が抱えている感情や問題を誰かに話し（表出）、受けとめて共感してもらうことによって、情緒的安定を得ることができる。
③　自分の考えや思いの整理	話し手は、相手からの助言がなくても、じっくり話を聴いてもらえると、話をすることによって自分の考えや思いを明確にできたり、新しいアイディアや解決策を思いついたりすることができる。
④　情報・助言を得る	相手からの情報や知識・意見などを得て、それによって今までとは異なった見方、考え方のヒントを得ることができる。

※　カタルシス効果とは、言葉やそれ以外のさまざまな表現手段を通して自己の内面の浄化が起こることをいう。良質のカタルシスには(3)の自分の考えや思いの整理も含まれる。

　相談支援というと、表4－1の④を思い浮かべる人が多いが、相談支援においては、④よりも先に上の3つを心がけなければならない。

　もちろん、保育の専門家としての知識や技術を家族に伝えることも必要となる。しかし、家族が「知識や情報を得て役に立った」と思う前に、「話ができて気持ちが楽になった」「元気が出てきた」と感じてもらえるような相談支援をめざしたい。保育士との対話から、保護者が自らどうしていけばよいかの方向性を見出していけるような支援ができると、保護者と子どもの潜在的な力を引き出し、家庭の機能をよりよく生かすことができる。

2．相談支援の基本姿勢

　次に、表4－1にあげた相談支援の効用が機能するような相談支援のための基本姿勢について学んでいこう。

(1)　信頼関係の確立

　相談支援を行う場合、支援者は、家族から「この人となら、何でも話しあえる」という信頼関係（ラポール）をつくることが第一に求められている。

自分が誰かを信頼できると感じるのはどういったことからか考えてみよう。そして保護者から信頼されるためには何が必要であるかについて話し合ってみよう。信頼される支援者であるためには、自身の自己理解が欠かせないが、それについては第2節「1．相談支援者としての保育士」で述べる。

(2) 傾聴

　相談支援は相手の話を聴くことから始まる。保育士は保育のプロであるので、保護者に伝えたいことがたくさんあるが、表4-1で示した相談支援の効用①～③が機能するためには、まず、相手の話をしっかり聴くことである。相談に訪れる人は、聴いてくれる人がいるから、話をしながら、自分の感情や思考の整理ができていくのである。ここで、以下に示す3つの「きく」の違いを理解しよう。

「きく」の違いを理解しよう
　　聞く・・・HEAR
　　聴く・・・LISTEN
　　訊く・・・ASK

　あなたにとって、相手が話をしっかり聴いてくれていると感じられるときはどういうときだろう。話を聴く場所、位置関係、視線、うなずき、あいづちなど、どうすれば相手がしっかり話を聴いてもらえていると感じることができるだろうか？　自分が相談する立場になって考えてみよう。
　話し手が沈黙している時間は、話し手が自分のなかで自分と対話をしている時間の場合もある。その沈黙を聴くという姿勢も大切にしたい。

(3) カウンセリング・マインド

　カウンセリングの発展に大きな貢献をしたロジャーズ*2は、カウンセラーに必要な態度として表4-2に示す3条件をあげている。
　カウンセリング・マインドという言葉は、この3条件がもとになっていると考えられ、「カウンセラーがクライエント*3に対して、あたたかい信頼関係に満ちた人間と人間の基本的信頼をつくる姿勢・態度・心構え」1)といわれている和製英語である。国分康孝*4のことばを借りれば、「人間関係（リレー

＊2　ロジャーズ
　（C. R. Rogers：1902～1987）来談者中心療法の創始者。

＊3　クライエント
　医療現場では患者のことであり、カウンセリングでは来談者という。福祉の分野では利用者や支援対象者を指す。

＊4　国分康孝
　（1930～）元筑波大学教授。構成的グループエンカウンターを開発した。

表4-2　カウンセラーに必要な態度

①無条件の肯定的配慮（積極的関心）：相手の人がどのような人であっても、なんらかの条件をつけずに、ありのままの姿を肯定的に理解しようと積極的に関心をもち、人として尊重する態度のことである。
②共感的理解：相手が感じていることを、あたかも自分自身のように感じとることであるが、同情とは異なり、あくまで、相手と一体にはならず、第三者として、クライエントの心情を共有し理解することである。
③自己一致：カウンセラーは、カウンセリング場面で感じている自分の心の動きをそのまま受け止め、否定したり歪曲しないで、その自分の心を理解した上で援助的対応をすることである。

ション）を大事にする姿勢で、防衛機制*5を緩和する（ふれあい）、役割をわきまえる（つきあい）の2点を念頭においた生き方がカウンセリング・マインドである」[2]。つまり、相談支援者は、相手に信頼される存在として関係をつくり、かつ支援者としての役割をわきまえたつきあいをしていかなければならない。

*5　防衛機制
　自分を守る心の仕組みのこと。精神分析の用語で、適応が困難な状況に陥ると無意識のうちに自我を困難な状況から守ろうとする仕組み。

(4)　バイスティックの7原則

　現行の保育所保育指針（2017（平成29）年告示）解説では、保育士が「ソーシャルワークの基本的な姿勢や知識、技術等についても理解を深めた上で支援を展開していくことが望ましい」と述べられている。さらに、不適切な養育等が疑われる家庭への支援には「内容によっては、それらの（筆者注：援助に関する）知識や技術に加えて、ソーシャルワークやカウンセリング等の知識や技術を援用することが有効なケースもある」と述べられている。したがって、表4-3に示すソーシャルワークの原理（態度）として有名なバイ

表4-3　バイスティックの7原則

①個別化：クライエントを個人として捉える。同じような事例であってもそれぞれ異なる事情を抱えている。安易な一般化は慎むこと。
②意図的な感情の表出：クライエントの感情表現を大切にする。自由な気持ちや感情の表現を認め、自己の振り返りや思考を助ける。
③統制された情緒的関与：ソーシャルワーカーは自分の感情を自覚して吟味する。クライエントの感情や態度に巻き込まれない冷静さが必要。
④受容：受けとめる。クライエントのあるがままを認め、共感的に理解する。
⑤非審判的態度：クライエントを一方的に非難しない。ソーシャルワーカーの倫理観や価値観で批判したり、判断したりしない。
⑥クライエントの自己決定：クライエントの自己決定を促し尊重する。クライエントは自ら判断し決定していく自由がある。
⑦秘密保持：秘密保持して信頼感を醸成する。プライバシーの保護と守秘義務を順守する。

＊6　バイスティック
（F. P. Biestek：1912〜1994）ケースワーカーで社会福祉学者。1957年に著書『ケースワークの原則』で記したケースワークの7原則（本文参照）が有名である。

スティック＊6の7原則についても知っておく必要がある。

3．保育士として保護者の相談に応じるための留意点

　前項「2．相談支援の基本姿勢」では、相談支援者としての一般的な基本姿勢について述べた。ここでは、保育士として特に気をつけたい留意点を述べていく。保育士は専門職であり、専門職集団として社会に果たすべき役割を「全国保育士会倫理綱領」[3]として公表しており、相談支援においても、倫理綱領の各条文について理解を深め、各自の行動指標にすることを確認しておきたい。

(1)　保育所における子育て支援に関する基本的事項

　旧保育所保育指針（2008（平成20）年告示）の「第6章　保護者に対する支援」の冒頭では、保育所は「その特性を生かし、保育所に入所する子どもの保護者に対する支援及び地域の子育て家庭への支援について、職員間の連携を図りながら、次の事項に留意して、積極的に取り組むことが求められる」と記され、保育所の特性を生かして保育士が保護者支援を積極的に取り組むことが求められていた。現行の保育所保育指針（2017（平成29）年告示）では、章題が「第4章　子育て支援」となり、冒頭文では、「子どもの育ちを家庭と連携して支援していくとともに、保護者及び地域が有する子育てを自ら実践する力の向上に資するよう、次の事項に留意するものとする」と、子育ての主体は保護者や地域であり、保護者や地域が有する子育てを自ら実践する力の向上に資するような支援が保育士の役割となっている。そして、現

表4-4　保育所保育指針：第4章「子育て支援」

1　保育所における子育て支援に関する基本的事項
(1)　保育所の特性を生かした子育て支援
ア　保護者に対する子育て支援を行う際には、各地域や家庭の実態等を踏まえるとともに、保護者の気持ちを受け止め、相互の信頼関係を基本に、保護者の自己決定を尊重すること。
イ　保育及び子育てに関する知識や技術など、保育士等の専門性や、子どもが常に存在する環境など、保育所の特性を生かし、保護者が子どもの成長に気付き子育ての喜びを感じられるように努めること。
(2)　子育て支援に関して留意すべき事項
ア　保護者に対する子育て支援における地域の関係機関等との連携及び協働を図り、保育所全体の体制構築に努めること。
イ　子どもの利益に反しない限りにおいて、保護者や子どものプライバシーを保護し、知り得た事柄の秘密を保持すること。

指針には、表4 - 4に示す保育所における子育て支援に関する基本的事項が述べられている。相談支援の場合もこれらの項目を押さえたうえで支援を行う。

(2) 家族への肯定的理解（家族の力を信じる）

　前項で述べたように、子どもの保育において、カウンセリングマインドをもち、受容的な態度で接するということが強調されている。カウンセリングマインドや受容の基本は、子どもの存在を肯定的に認めることである。わかりやすくいえば、「あなたはここに存在していてよい」「あなたがここに存在していることは、私たちの喜びなのだ」というメッセージが子どもに伝わることである。自分の存在が肯定的に認められている場においてこそ、子どもはもてる能力を最大限に生かすことができる。それは保護者をはじめ家族においても同じである。保育士が、家族の真摯に生きている姿を認め、家族との交流を大切にして、家族とともに子どもの成長を喜びあえる、そういう関係にあって初めて、家族は家族としての力を最大限に生かすことができるのである。

(3) 家族の努力や工夫を認める（エンパワメント*7の視点をもつ）

　家族は子育てや生活をするうえでさまざまな努力や工夫をしている。困ったことが起きたときにも、解決に向けて努力し、なんらかの対応をしようと工夫している。また、私たちは、人から助言を受けたことよりも、自分で工夫したり気づいたりしたことの方が、上手に効果的にできることが多い。自分の努力や工夫が認められれば、さらにがんばろうという気持ちにもなれる。したがって、保育士が家族の努力や工夫を聴き、認める姿勢をもつと、家族はそこからさらに自分なりの努力や工夫を広げていく。たとえ家族の努力や工夫が的外れであったり、修正が必要であったりする場合でも、保育士は家族のそれまでの努力や工夫を認め、一部分でもよかったことを十分肯定したうえで、「こういうふうにすることもいいかもしれませんね」と修正したり、提案していく姿勢をもちたい。

*7　エンパワメント
　empowerment：人が本来もっている力が有効に発揮できるよう働きかけることにより、やがてその人自身が生活の主体となって力を発揮できるようになっていくこと。

（4）　家族への情緒的支え（子どもの成長の喜びを共有する）

　子育てにはさまざまな苦労もあるが、子どもはそれに勝る喜びを家族に与えてくれる。子どもがもたらしてくれる喜びを家族とともに共有できる人、それは友だちであったり、地域の人であったりするが、喜びを共有できる人がいることは、家族の情緒的安定にとって大切なことである。しかし、そのような仲間関係をもたずに、孤立しがちな家族は、困ったことを相談する場どころか、育児の楽しさや、子どものささやかな成長の喜びを共有する場ももてないことになる。相談支援というと、何か困ったことへの支援を思い浮かべるかもしれないが、子どもの発達の小さな変化を家族とともに喜ぶことは、保育士としての喜びであると同時に、家族への情緒的支えとしての意味も大きい。前述の現行保育所保育指針「第4章　子育て支援」（表4-4）にも、「保護者が子どもの成長に気付き子育ての喜びを感じられるように努めること」と述べられており、保育士だからこそ、子どもの成長や子育ての喜びを保護者に感じてもらえる支援ができる。

（5）　関係性の視点の導入（直接的因果関係思考から円環的因果関係思考へ[*8]）

　年齢が小さい子どもほど、家庭生活の影響を受けやすく、家族が変化すると子どもも変わる。したがって、保育士は子どものために保護者の養育態度が変わってほしいと願うことがある。しかし、保護者には保護者の、そうせざるをえない人生の歴史や事情がある。また、人が変わるためには、時間と誰かの支えが必要であるため、早急な変化はむずかしい場合が多い。

　親子関係・家族関係を含めたすべての人間関係は、関係性の問題であり、双方が影響しあって成り立っている。どちらか一方だけに原因があるわけではない。したがって一方だけに変化を期待するのではなく、他方の変化からも考える視点をもちたい。つまり子どもの発達や変化が、親の養育態度を変えていくこともある。

　たとえば、日々の保育によって子どもが変化すること、あるいは、保護者が気づかない子どもの発達や気持ちを保育士が伝えることで、保護者の成長を促すこともある。また、保育士自

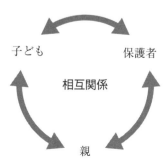

子ども　　　　保護者

相互関係

親

＊8
　直線的因果関係は、結果が生じるには特定の原因が存在するという考え方。円環的因果関係は、人間関係や出来事は相互に関連し、循環しているので原因を1つに特定することはできないとする考え方。

身が変わることが保護者との関係性を変え、さらには親子関係も変えていくことにつながる。親子だけでなく家族に対しても、家族全体を視野に入れた多面的な理解が必要である。どちらか一方だけに味方するような支援は慎みたい。

⑹ 家族と家族をつなぐ

　同じ年齢の子どもをもつ保護者同士が話しあう場があれば、保護者としての苦労や喜びをともに分かちあえ、保護者同士の経験や工夫を学びあえる。

＊自分が困っていることや心配なことを保護者同士が話しあうと・・・
　どこの家でも同じなのだという安心感やその対処法を得ることができる。

＊異年齢の子どもをもつ保護者同士の話しあいからは・・・
　先輩ママは自分の子育てへの振り返りができる。
　（「あの時はこんなことが心配だった」「こんな工夫をした」等）
　後輩ママは子どもの成長への展望がもてる。
　（「もう少しすればこういう状態はなくなるのだ」「もう少しするとこんなことが起きてくるのだ」等）

＊保護者が自分の経験や工夫を話しあうことは・・・
　客観的に自分の子育てを見直す機会になる。子育ての自信回復にもなる。
　（「あの大変な時期をこうやって乗りきってきた」「あのときはこうすればよかった。だから今はこういうことに気をつけている」等）

　保育士が直接相談相手にならなくても、保護者同士、家族間で相談支援ができるように、保護者の仲間づくり、家族間のつながりを広げていくことも保育士の仕事である。

4．相談支援の具体的なかかわり

　実際の相談事例のなかで、第3項で述べた「保育士として保護者の相談に応じるための留意点」をどのように生かしていくかを「相談支援の具体的なかかわり」として示した。具体的に、どのような支援ができるか次の例で考えてみよう。そして他の事例においても考えてみよう。

相談支援の具体的なかかわり

　３歳で初めて保育所に入所したＨ介。入所して１か月経ったある日、お迎えにきたＨ介の母親から担任であるあなたは次のような相談を受けた。

　「○○先生、Ｈ介は野菜が嫌いで本当に困っています。保育所に行くようになったら食べてくれるかと期待していたんだけれど、やっぱりだめみたい。どうしたら食べてくれるようになるのかしら？」

　ここで学んだ相談支援の基本姿勢を基にどのような支援ができるか考えてみよう。以下に挙げるのは一例である。他の対応についても具体的に考えよう。

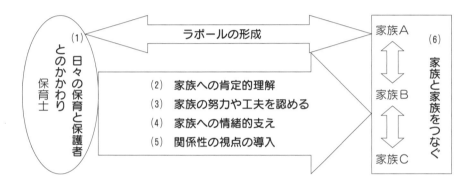

(1)　相談してもらえることは、信頼されているということである。「入所したら食べてくれる」と思うのも保育所生活への期待がそれだけ大きいということである。その信頼は、保育士が保育所における子育て支援（保育所保育指針）について理解し、保護者が自ら子育てを実践する力の向上に努めていることを理解する姿勢から生まれている。この信頼に応える対応が求められる。

(2)　母親はＨ介の野菜嫌いをなおしたいと思っている。つまり子どもの成長を願っていることを理解する。このことを母親にフィードバックする。

(3)　母親は今までにＨ介の野菜嫌いをなおそうと努力したり工夫したりしてきているはずである。それを尋ねてみる。また、これからどういうかかわり方にしたいと思っているのかそれについても話してもらう。

(4)　給食時のＨ介は野菜が苦手でぐずぐずしているが、身辺自立はしっかりできている。また、園での活動にも意欲的である。その事実を伝える。

(5)　今はまだ野菜を食べることに抵抗がある。しかし他児が食べる様子を見てがんばろうという姿勢は見えている。それを伝える。

(6)　４歳児クラスのＫ代も３歳のときには野菜が嫌いだった。しかし、今は食べられる野菜が増えてきている。Ｋ代の母親から経験談を聞かせてもらう機会をつくる。

2　保育士がよき相談支援者となるために

　第1節では、保護者と子どもの力を引き出し、家庭の機能を生かすために保育士が行う相談支援のあり方について学んできた。第2節では、保育士が保護者のよき相談支援者となるための留意点を押さえておこう。

1．相談支援者としての保育士

(1)　保育士の自己理解
　相談支援をする場合、支援する相手を理解することは言うに及ばず、支援をする保育士自身の自己理解が大切になってくる。自己理解の必要な理由について学ぼう。

〈考えよう〉

> 私はどんな価値観をもっているのか？
> 私の保育観は？　子育て観は？　何が大事か？
> どんな保護者を理想の親とみているのか？
> どんな家庭が理想なのか？

　私たちは自分の考え方や枠組みで相手をみてしまいがちになる。支援をしようとする家庭に対して、自分の価値観や人間観、家族観をもとにした、自分のなかの偏った枠組みでみてしまうこともあるだろう。相談支援に際して、先入観や偏見のない態度で接することは当然であるが、自分の先入観や偏見から完全に自由になることはむずかしいのも事実である。

　保育士が家庭支援を行う場合、支援する家庭をどう理解してどのようにかかわるかということについては、保育士自身がどのような家庭で育ったか、どのような家庭を理想としているのか、あるいは現にどういう家庭生活を営んでいるのかといったことが直接的・間接的に影響を与えている。また、子育ての問題は、家庭におけるジェンダー*9役割の問題と密接に結びついているために、支援をする保育士自身がどんな子育て観・ジェンダー観をもっているかについての自己理解も不可欠である。

　相談支援には、保育士自身の個人的経験が役に立つこともあるが、反対に、

＊9　ジェンダー
　gender：社会的・文化的に作り上げられた性のこと。

79

無意識のうちにその影響に支配されて、善意の助言や何気ない一言が、かえって家族を傷つけたり、家族の変化を妨げたりすることも起こりうる。そうならないためにも、自身の年齢や保育士経歴、子育て経験にかかわらず、保育士が自己理解を深め、等身大の自分で、相談支援に臨むことが望まれる。相談支援者は、自分自身の癖や強みや弱みに十分気づいている必要がある。つまり絶えず自己理解を深めなければならないのである。

　保育士が若くて経験が少ないときは、図のような不安をもつこともあるだろう。そういうときは特に、保護者の話をよく聴いて、保護者から学ぶ姿勢をもちたい。

（2）　保育士同士の支え合い

　保育士が、家族を肯定的に受け入れ、情緒的に支えるためには、保育士自身がまわりの職員から肯定的に受け入れられ、支えられている必要がある。人は支えあって生きている存在であるから、誰かを支えるためには誰かから支えてもらわなければならない。人間関係が良好で互いに支えあえる職場環境が、保育士と家族との人間関係をよりよいものとしていく。

　担任保育士がその子どもや家庭の支援において主要な役割をとることは当然である。すると、責任感が強い保育士ほど、子どもや家庭の問題や悩みを引き受けて一人で支援しようとする。しかし、自分の能力以上のことをすると続かなくなり、かえって相手を傷つけることにもなる。保育士仲間や主任、所長に相談したり、専門機関へ紹介したりすることも大事な方法である。保育所全体でチームとして支援する姿勢をもち、普段からこのようなときの対応について話しあっておくとよい。ただし、相談支援は、家族のプライバシーや秘密にまでかかわる可能性のある仕事なので、チームで支援する場合は、とくにプライバシーの保護について十分に確認しあっておかなければならない。

２．保護者への適切な相談支援のためのアセスメントと面接技法

　相談支援のためには、支援対象者の理解がかかせない。支援の目標や介入
方法を決定するために、支援対象者のニーズや環境等を把握することをアセ
スメントという。心理アセスメントの主なものは、観察、面接、心理テスト
である。家庭環境や子どもを含む家族を取り巻く環境について理解するため
に、ジェノグラム*10やエコマップ*11といったアセスメントツールを利用で
きるようにしておくことも重要となる。必要があれば、地域にある社会資源
を活用したり、紹介したりできるようにしておきたい。

　助言に当たって専門家は専門的知識を教えがちであるが、善意と熱意から
であっても、「保護者に対して相談や助言を行う保育士等は、保護者の受容、
自己決定の尊重、プライバシーの保護や守秘義務などの基本的姿勢を踏まえ、
子どもと家庭の実態や保護者の心情を把握し、保護者自身が納得して解決に
至ることができるようにする」*12必要がある。

　また、本章では相談支援の面接技法として「傾聴」を強調しているが、相
談支援のその他の面接技法の上達も必要不可欠である。

　保護者との関係づくりでは、挨拶やことばづかいなど社会人としての基本
事項に加えて、アクノレッジメント（acknowledgement）、リフレイム（re-
frame）などの技法がある。

　アクノレッジメントとは相手を認め、違いや変化、成長、成果にいち早く
気づき、それを言語化して相手に伝えることである。褒めるとの違いは、相
手への評価を入れずに事実だけを伝える（「髪を切られたのですね」「いつも期
限を守って提出いただきありがとうございます」等）。友だち同士で気づいた点
をアクノレッジメントとして伝えあい、練習してみよう。

　リフレイムの目的は、今までの考えとは違った角度からアプローチしたり、
視点を変えたり、焦点をずらしたり、解釈を変えたりと、誰もが潜在的にもっ
ている能力を使って、意図的にポジティブなものにすることである。たとえ
ば「親子喧嘩が絶えないのです」という言葉に対しては、「率直に意見が言
える関係なのですね」など、「頑張っているけれどうまくいかないんです」
と言われたら、「うまくいっているとは思えないけれど、頑張っておられる
のですね」などと返したい。

　アセスメントや面接技法についての詳細は、紙幅の関係もあり割愛するが、
他の講義や演習で学んでいってほしい。

*10　ジェノグラム
　genogram：基本的
に3世代以上の家族メ
ンバーとその人間関係
を盛り込んだ家系図。

*11　エコマップ
　ecomap：本人や家
族と地域の社会資源と
のつながりや関係を把
握することを目的とし
た図。

*12
　厚生労働省「保育所
保育指針解説」2018年
より（保護者とのコ
ミュニケーションの実
際）。

3．保育士の行う相談支援の利点と限界

　現行の保育所保育指針「第4章　子育て支援」では、「保育所の特性を生かした支援」が強調されている。また、解説には「保育所における保護者とのコミュニケーションは、日常の送迎時における対話や連絡帳、電話又は面談など、様々な機会をとらえて行うことができる」と述べられており、保育士が行う相談支援は、心理カウンセラーが行う相談支援とは異なる部分がある。ここでは、保育士が行う相談支援の利点と限界について知っておこう。

　面接相談は相手のプライバシー保護のためにも、通常は特定の一対一の関係で行われるが、保育士が行う場合は、面接者が一人もしくは複数（たとえば所長と保育士）で、相手が複数（たとえば、父親と母親）で行われる場合もある。それぞれの長所・短所を確認しておこう。

　言うまでもないことであるが、面接者は相談者が語ったことに対して守秘義務があることを忘れてはならない。

　心理カウンセラーの行う面接場面においては、定期的に同じ場所で同じ時間に同じ人と相談するという、場所と時間と人の枠組みがはっきりしている。場所と時間と話す相手が決まっていることは、相談をする方にとっても、される方にとっても、両者の心の安定のために大切なことである。相談支援の効用は、日常での短時間のかかわりのなかで行われる相談支援においてもいえることではあるが、静かな場所で自分のための一定の時間が保障されることが「1．相談支援の効用」で述べた相談支援の4つの効用をより有効にする。

　しかし、保育所内や家庭訪問などで保育士が相談支援を行う場合、場所と時間と人の枠組が守られにくい。さらに、保育所での相談支援は、不定期に突然保護者から「先生、聞いてくれる？」「実はこんなことがあったのですが…」といった形で始まることも多い。特に、送迎時での相談は他の保護者の目もある。したがって、少なくとも、相談中はプライバシーが守られ、中断されず、静かで落ち着いた空間で話ができる配慮をしたい。職員室や事務室での相談は、人の出入りや電話での中断が起きやすく、プライバシー保護の点からも工夫が必要である。

　人が集中して話を聞けるのは1時間程度である。時間があるからといって

長時間面接をしたり、頻繁に面接相談日を設定したりすることは、お互いが疲れるだけでなく、家族の保育士に対する依存度を高めるなど、それ以降の面接相談に好ましくない影響を及ぼすこともある。話を始める前にあらかじめ、だいたいの終了時刻を告げておくことが望まれる。

　心理カウンセラーが行う面接相談では、相談に訪れる人とカウンセラーは、面接相談以外の関係をもたないが、保育士は日々、子どもの保育にも携わっている。カウンセラーは、第三者としてクライエントの話をクライエントの立場で聴く人である（ただし、共感的に聴くことと同意することは異なる）。一方、保育士は個人としての子どもやそれぞれ固有の家族を大切に思って接するのと同時に、集団としての子ども、保育所に子どもを預けている複数の家族を同等に考えなければならない立場にある。したがって、個人の利害と集団の利害の調和を考えると、相談している家族の立場に立って共感的に話を聴くことがむずかしくなる場合も出てくる。

　また、相談支援者としての保育士が、子どもの日々の様子や家庭事情などを知っていることは、相談内容を深める場合もあるが、それが先入観となって偏った相談支援になる場合もある。相談する家族からすれば、相談した内容が、今後の保育に影響を及ぼすかもしれないと思い、保護者の素直な気持ちや意見が言えないおそれもある。さらに、カウンセラーとクライエントはいつでもその関係を絶つことができるが、保育士と家族は子どもがその保育所に在籍しているので、関係を容易に絶つことができない。そのことが、相談内容や相談関係に微妙な影を落とすこともある。以上をまとめ、表4－5に示した。

表4－5　相談を受ける保育士と心理カウンセラーの立場の相違

	保育士	心理カウンセラー
時間の枠	あいまい（送迎時・懇談会等）	決まっている（指定された時間）
場所の枠	あいまい（保育所内・家庭）	決まっている（指定された場所）
関係	日常での関係がある ・相談が日常に影響する可能性がある ・関係が自由に切れない ・クライエントの立場だけでなく、集団の利害への考慮も必要	非日常（相談場面のみ）の関係 ・日常での接点がない 　（相談が日常に影響しない） ・関係が自由に切れる ・クライエントの立場に立つ ・カウンセラー：クライエントの関係のみ
情報	・保育場面と相談場面 ・守秘義務と職場の情報の共有の問題が発生する	・相談場面のみ ・カウンセラーの守秘義務

4．記録および研修

　相談した事柄については記録を残しておくことも必要である。相談中に記録をとることについては、それを望まない家族もいたり、話に集中できなかったりすることもあるので慎重に行いたい。ただし、大切な事柄については忘れないうちにその場で記録しておくことも必要となろう。相談後に保育所内の記録として残す以外に、保育士自身の相談記録として、事実関係や家族の様子に加えて、保育士の気持ちや保育士の発言についても記録しておきたい。記録を残すことは、自分の相談支援の振り返りのためと相談の経過を知るうえで大切なことである。

　最近は情報公開制度に伴い、保育士がどのような相談支援を行ったかについて、あるいは、支援の評価として効果的な支援が行われたかについての説明責任（アカウンタビリティ）を問われることがある。説明責任を問われても対応ができる相談支援を行うことは言うまでもないことであるが、記録はそのようなときの対応資料となる。ただし、プライバシー保護のためにも記録の管理は慎重でなければならない。

〈考えよう〉

最近はパソコンでの記録の管理が行われる。
紙媒体での記録の管理と比べて、良い点、注意しなければならない点などについて話し合ってみよう。

　現行の保育所保育指針では、保育士の定義として、「保育所における保育士は、児童福祉法第18条の4の規定を踏まえ、保育所の役割及び機能が適切に発揮されるように、倫理観に裏付けられた専門的知識、技術及び判断をもって、子どもを保育するとともに、子どもの保護者に対する保育に関する指導を行うものであり、その職責を遂行するための専門性の向上に絶えず努めなければならない」と述べられている。旧指針では「保育所における保育士は（中略）保育に関する指導を行うものである」とされていた。現行指針で「その職責を遂行するための専門性の向上に絶えず努めなければならない」の文言が新たに付け加えられたのである。加えて、現行の指針「第5章　職員の資質向上」では、各職員のキャリアパスを見据えた体系的な研修計画の作成等、今まで以上に職員の資質向上が求められている。

　21世紀に働く保育士には、相談支援の技術向上に努め、家族が信頼して相談できる保育士として、資質向上のための努力が求められているのである。そのために、相談支援についての研修を深め、相談事例をもとにしたケースカンファレンスを行ったり、時には自分の相談事例を公認心理師や臨床心理士などの相談の専門家に検討してもらったりすることなども必要となろう。

〈引用文献〉
1 ）中根紳二「カウンセリング・マインド」小林司編『カウンセリング大事典』新曜社　2004年　pp.115－117
2 ）國分康孝「カウンセリング・マインド」國分康孝編『カウンセリング辞典』誠信書房　1990年　p.79
3 ）柏女霊峰監　全国保育士会編『改訂版　全国保育士会倫理綱領ガイドブック』全国社会福祉協議会　2009年

〈参考文献〉
1 ）尾関新『社会福祉援助技術演習』誠信書房　1992年
2 ）尾関新『ケースワークの臨床技法』誠信書房　1994年
3 ）小俣和義『親子面接のすすめかた　子どもと親をつなぐ心理臨床』金剛出版　2006年
4 ）日本家族心理学会編『子育て臨床の理論と実際』金子書房　2002年
5 ）橋本敞・福永博文・伊藤健次編『子どもの理解とカウンセリング―子育て支援に向けて―』みらい　2001年
6 ）馬場禮子・青木紀久代編『保育に生かす心理臨床』ミネルヴァ書房　2002年
7 ）青木紀久代編『実践・保育相談支援［第2版］』みらい　2017年
8 ）伊藤健次編『子ども臨床とカウンセリング』みらい　2013年
9 ）一般社団法人愛知県現任保育士研修運営協議会『保育リーダー養成研修ガイドブック　保育分野における中核的専門人材養成プログラム　pp.67－74

コラム　子どもや家族が思いがけない不幸に見舞われたとき

　2011（平成23）年に起きた東日本大震災はまだ記憶に新しいが、その後も日本は各地で大きな災害に見舞われている。さらに、2020（令和2）年、世界中に広がった新型コロナウイルス感染症拡大で人々の生活が大きく変わろうとしている。人はどんなに気をつけていても、突然の病気・事故・被災・被害などにあうことがある。そういう場合、大切にしていた人やもの、日常生活を失ってしまう。このような「失う」体験を「喪失体験」といい、喪失体験をすれば当然心身の不調をきたす。家族同様のペットの死や、慣れ親しんだ場所・時間との別離、自分を大切にしてくださった方々との別れも喪失体験である。このようなときに周囲の人々による適切なサポートがなされるかどうかで、その後の回復に大きな違いがでる。したがって、こういう場合に保育士が適切に支援できるようにしておきたい。

　喪失を引き受けて立ち直っていく過程を「喪の作業（mourning work）」という。喪の作業には時間と支えが必要であり、個人差がある。

　「元気を出して」「がんばれ」「気分転換したら」という励ましの声かけがなされる場合もある。しかし、家族にとっては、不幸に見舞われた（被害にあった）ときから時間が止まっていて、早く元気になるとか、早く立ち直るなどということはできないのである。さらに家族は、自分の所為（せい）でこのような不幸が起きてしまったのではないかという自責の念にかられている。したがって、励ましよりも、家族のそばで家族のことばに耳を傾ける必要がある。自分が遭遇した体験について言語化や感情表現ができることは、心の回復にとって大切なことである。しかし、強制するのではなく、本人が自発的に語れる部分をしっかり聴くことが重要である。その際、不安だけでなく、安心したこと、あるいはこれからどうしたら安全・安心かと思うことについて、（人から言われたことではなく）自分で考えられることを言語化できるような聴き方が望ましい。

　被害にあった方は、くりかえし同じことを言ったり、たずねたりする場合がある。これは、突然のできごとによって人間の知的な精神活動が低下することに加えて、確認作業をすることで心の安定をはかろうとしているのである。くりかえされる同じ話も誠実に聴き、くりかえし応えることが必要である。

　一人で喪の作業をしていくのはあまりにも大変すぎるから、「あなたは一人ではない。私にできることがあればします。あなたのことを気にかけている人間がここにいます」というメッセージを伝え続け、家族を孤立から守る支援が求められる。

　子どもの場合は体験したことを遊びのなかで再現する「再現遊び」をすることがあるが、大人はこのような遊びを止めさせたがる。しかし、子どもにとっては体験をことばで表現することと同じ意味があるので、専門家に相談し、その子どもに適した支援をする必要がある。

第**5**章

◆ ◆ ◆ 保育所による家庭支援の実際 ◆ ◆ ◆

キーポイント

　2009（平成21）年4月施行の保育所保育指針では、「第6章　保護者に対する支援」として、保育所において、入所している子どもの親に対する支援と、地域で子育てをしている親への支援を行っていくことの必要性とその内容が示された。また、その際の基本として、「子どもの最善の利益の考慮」「子どもの成長についての保護者との共感」「保育所の特性と専門性の活用」「保護者の養育力向上への寄与」「相談・助言におけるソーシャルワーク的対応」「プライバシー保護および秘密保持の遵守」「地域の関係機関等との連携・協力」の7つが示された。
　本章では、これら支援の対象および支援の内容、支援の際の基本事項を踏まえつつ、保育所において、具体的にどのような家庭支援が展開されているかを、事例を通してみていくこととする。

1　在所児に対する日頃の家庭支援

　保育所における家庭支援の対象者は大きく2つに分けられる。1つは、現にその保育所に子どもを通所させている家族、もう1つは保育所に子どもを通所させていないが、保育所と同じ地域に住んでいる子育て家庭の家族である。ここでは、前者の家族に対する支援を取り上げる。

1．送迎時のかかわり

　送迎時は短時間ではあるが、保育士と親が日常的に顔をあわせる唯一の場であり、保育所での子どもの様子を親に伝え、また家庭での子どもの様子を聞くことができる大切な場である。また、このように子どもの様子を伝えあうことを通して、子育てをともに考えていくきっかけともなるため、積極的に話しかけるようにしたい。
　その一方で、親から話しかけられることもあり、多忙で慌ただしいにもか

かわらず、話しかけてくる親のニーズを敏感に察知し、対応することが望まれる。たとえ5分、10分の短い時間しかなく、十分な助言ができなかったとしても、親が悩みや不安をはき出すことができるだけでも、気持ちはずいぶん楽になるはずである。

2．親との連絡方法（連絡帳・電子メール等）

　先述したように、送迎時は保育士と親が日常的に顔をあわせて子どもの様子を伝えあうことのできる貴重な場であるが、大半の親が時間に追われ慌ただしく帰っていくため、保育士は声をかけそびれてしまうことも多い。このような現状において、日常的に保育所での子どもの様子を伝え、家庭での子どもの様子を知ることのできる機会として、連絡帳や電子メール等を通じてのやりとりを大切にしたい。

連絡帳でのやりとりを通じて子どもの生活リズムの安定をはかる

【対象】
　Ａ男（3歳）とＢ太（3歳）は同じクラスの男児で、玩具の取り合いなどでよくけんかをしている。言葉が遅いＡ男は、十分に自分の気持ちが伝わらないと時折、かんしゃくを起こしてかみつくことがあった。

【経過】
　ある日、クラス活動が終わり、園庭の砂場でトンネル掘りをしている最中、Ａ男はＢ太の作っている砂山を蹴飛ばし、トンネルを崩してしまった。怒ったＢ太はＡ男に文句を言い、対するＡ男はＢ太に砂をかけ、砂場で大げんかが始まった。その場は担任保育士が仲裁に入り、問題はなかったかのように保育時間を終えた。そのため、この出来事をＡ男やＢ太の母親たちには説明しなかった。

　その夜、Ｂ太の母親からＥメールにて保育所に連絡があった。お風呂に入った際、Ｂ太の右腕に大きな噛みつき跡があったが知っているかという、抗議の内容であった。思い当たるのは砂場での出来事だが、噛みついた現場を見てはいなかったため、Ｂ太の母親には、確認し明日再度連絡する旨のメールを送った。

　翌日の登所時、Ｂ太の母親は保育士に、Ｂ太の右腕を見せた。くっきりと上下の歯形がついており、一部腫れ上がっていた。確認したところ、他にも左足など歯形は4か所についていた。Ｂ太の母親は、園での怪我はある程度仕方がないと考えているが、このように歯形まで付くような状況では、対応に問題があるのではないかと不満を述べて、その場は仕事に出かけた。担任保育士は母

親の不満に応えられない状況を反省し、早速、園長や主任に相談した。そして、お便りを活用し、関係の改善を試みることになった。

【対応（お便りの抜粋）】

C保育士→B太の母親

　B太君の体に噛みつき跡があった件、担任として目が行き届いておらず、大変申し訳ございませんでした。

　日頃、B太君は同じクラスのA男君と一緒に遊ぶことが多く、普段は仲良く遊んでいます。ときどき玩具のやり取りでもめることもありますが、そのたび注意してかかわりを見守ってきました。しかし、今回の状況にはお母様からお伝えいただくまで気づくことができませんでした。二人はお互いに言葉で伝えることができない部分では手が出てしまうこともあるようです。今後さらに注意してかかわりを見守っていきたいと思います。お気づきの点があればご連絡ください。

B太の母親→C保育士

　おたよりくださいましてありがとうございます。最近はメールでの連絡が多いなか、先生からのおたよりをいただき、嬉しく思いました。先生もお忙しいなか、子どもたち一人ひとりを見るのも大変だと思います。親の方も慌ただしく時間が過ぎ、子どもとゆっくりとかかわれる時間をもちたいと思いながら過ごしている日々です。初めての子どもということもあり、ときどき子育ての自信がなくなります。

　ところで、B太に噛みついたお子さんはA男君ということでしょうか？　また、A男君のお母さんはご存じなのでしょうか？　もし、ご存じであって注意をしないのであれば、親としてとても疑問に思います。

C保育士→B太の母親

　お忙しいなか、おたよりありがとうございました。今回の件で私が不注意であったこと、さらに見ていないところでB太君に噛みつき跡があったことは、本当に申し訳ない気持ちです。改めておわび申し上げます。なお、A男君のお母さんは、まだこのことをご存じありません。私の方で、今回の出来事をきちんとお伝えしておきます。

C保育士→A男の母親

　いつもお世話になっています。今回、気になることがありましたのでおたよりいたします。先日、A男君が同じクラスのB太君と砂場で遊んでいたのですが、B太君が作った砂のトンネルを蹴って壊してしまいました。普段からけんかにならないように注意して見守っていたのですが、今回は二人で大げんかとなり、B太君の腕に噛みついてしまい、その跡が残ってしまいました。後日、B太君のお母様から、どうやらこれまでもけんかの際にA男君が噛みついていたこと、すでに4か所の噛みつき跡があることを伺いました。取り急ぎ、現在の状況をお知らせいたします。

A男の母親→C保育士

　大変ご迷惑をおかけしました。実は、A男が園で生活できるかどうか、とても心配だったのです。言葉が出ず、そのためか噛みついたり叩いたりという行動は家でも同様で、4歳離れた兄とよく大げんかをしています。家族内ということもあり、あまり強く言っていませんでしたが、他のお友達に噛みつくようでは問題ですし、危険ですね。A男には、やってはいけないことだということをきちんと伝えます。あと、B太君のお母さんにおわびをしたいと思います。どのようにお伝えしたらよいでしょうか。

C保育士→A男の母親

　丁寧なおたより、ありがとうございました。噛みつくのは園だけではなく、お家でもだったのですね。年齢的に、歯が生えそろって噛む力も付いているでしょうから、とても危険です。A男君にお話をしていただけるとのこと。おそらくこれからA男君の行動は変わってくると思います。B太君のお母さんに向けたお母さんのお気持ちもわかりましたので、B太君のお母さんにお話をしておきます。

C保育士→B太の母親

　A君のお母様に先日のことについておたよりをしました。お母様は状況をお伝えした段階で恐縮され、B太君やお母様に謝りたいとのことです。お母様のお気持ちをお聞かせください。

B太の母親→C保育士

　色々とご配慮くださいましてありがとうございました。A男君のお母様のお気持ちを知ることができて、何やらもやもやしていた気持ちがスッキリしました。お互いに保育所に子どもを預けて仕事をするお母さん仲間ですので、今後も励まし合っていきたいと思います。A男君のお母さんは来週ある保護者会には出席されますか？　もしいらっしゃるようであれば、そのときに私の方から声をかけてお話をさせていただきたいと思います。よろしいでしょうか。

C保育士→B太の母親

　保護者会でお会いしたいと、A男君のお母さんにもご連絡しておきます。

C保育士→A男の母親

　B太君のお母さんが、A男君のお母さんの気持ちを知ることができてよかったと仰っていました。来週の保護者会にいらっしゃるそうですので、そのときにお話をしたいとのことです。

---

(1)　親との協力体制を築くために

　連絡帳やおたよりのやりとりは、面と向かってゆっくりと話をできない忙しい親とのやり取りにも役立つ方法である。親と向き合うことはすでに問題

解決の第1歩になる。事例のように、園での生活で起きるトラブルにはすぐ
に対応し、親との信頼関係を悪化させないよう心がける必要がある。たとえ
些細なことでも親の訴えを真摯に受け止めることで、信頼関係や子育てにお
ける協力体制を築くことができる。

(2)　親同士の関係性を取り持つ支援

　子どもの発達や育児について、親にはそれぞれの価値観や思いがある。親
同士のそれぞれの思いが伝わるような関わりができるよう、コーディネート
する支援も必要になる。

　今回示した事例のC保育士は、子どもたちの状況を判断しながら、B太の
母親の不満に思っていた気持ちと、男の母親の知らなかった思いをつなぐ役
割を果たした。このようにさまざまな問題や事実に向き合いながら、二人の
母親の関係性を真摯に築いていくことも、保育士として必要な支援になる。

(3)　個人情報の保護と守秘義務

　保育所保育指針の第1章（総則）には、「保育所は、入所する子ども等の
個人情報を適切に取り扱うとともに、保護者の苦情などに対し、その解決を
図るよう努めなければならない」と示されている。また、児童福祉法では「保
育士は、正当な理由がなく、その業務に関して知り得た人の秘密を漏らして
はならない。保育士でなくなつた後においても、同様とする」（第18条第22
項）とし、違反した場合の罰則も定められている。

　子どもの発達支援を前提に、さまざまな関係機関との連携や、前述のよう
な親同士の関係性をつなぐうえで、情報の共有は欠かせない。しかしその反
面、個人情報の保護という考慮しなければならない点が生じる。互いの理解
を促すうえで伝えるべき情報を十分考慮すること、また伝える際には、必ず
本人の了承を得ることが必要である。

3．保護者会

　保育所では、行事の1つとして定期的に親の保護者会を開催している。懇
談会には、クラス全員の親が集団で行うものと、個別に行うものとある。ど
ちらも、保育士と親が子どもや子育てについての情報を交換しあい、子育て
についての協力体制を築くうえで非常に重要である。

(1) 仲間同士で話し合うことの利点

親同士が集まり語り合う場の提供

【対象】

3歳児クラスの親24名

【テーマ】

① 子育てで一番困ることは仕事との両立

② 忙しいときにわざと子どもが怒らせるようなことをする

※どちらのテーマについても、参加した親から出された悩みである。

【方法】

どちらのテーマについても、保育士が直接助言するのではなく、参加した親にこれらのテーマについての意見を自由に話してもらった。

【経過】

①のテーマについては、ほぼ参加した全員の親が何らかの発言をし、たとえば、仕事については優先順位をつけて行うこと、育児は夫婦で協力して行い、決して自分一人が頑張りすぎないこと、疲れたらしっかりと休むことなどの意見が、それぞれの体験を交えながら出された。

②のテーマについても、ほぼ参加した全員の親がなんらかの発言をし、ある親からは「気持ちの余裕のなさを子どもはしっかりと見ているので、何よりも心を落ち着かせていることが大事。子どもは親の心の動きをしっかり見ている」という意見が出された。

保護者会後、保育士に直接個別面談を申し込む親が数名あった。

この事例では、保護者会で話しあうテーマを参加者である親が抱えている悩みについて取り上げ、そのテーマについてみんなで話し合うという方法をとっている。これは一種のグループワーク[*1]といえるが、今回このような手法をとったことで以下のような効果があったと考えられる。

① 「同年齢の子どもの子育てをしている」という共通項をもつ他者から自らの経験も交えたより具体的なアドバイスが受けられた。

② 「同年齢の子どもの子育てをしている」という共通項をもつ他者であるからこそその悩みを理解し、共感できる部分がある。また、このような共感に基づくアドバイスであるから、そのアドバイスを受け入れやすい。

③ 話し合いのテーマになっている悩みは、子育て中の親の多くが抱えて

*1　グループワーク
社会福祉援助技術の主要な方法の1つで、グループを活用して個人の成長や問題の解決を促す。

いる悩みである。つまり、参加者の多くが悩みの当事者であるといえるが、当事者が自ら考え、話しあうことで、その悩みの解消に向けた力を自分でつけることができた。

　ただし、この手法については、同様の悩みを抱える者同士がその内容について話しあうから効果があるのであり、悩みの内容が個別的なものである場合はそぐわないので、注意が必要である。

(2)　個別相談の役割

　個別相談には、全員の親を対象に定期的に行うものと、保育所側から面談を働きかけるもの、そして事例のように悩みを抱えている親から申し込まれるものがある。

個別相談に向けた対応

　保護者会後、「子どもをついきつく叱ってしまう。どうしたらよいか相談したい」と母親のK美から相談を受けた。

　K美は日頃仕事が忙しく、懇談会で他の親からの意見でもあったように、気持ちに余裕がなくイライラしている様子や息子のY太との関係がうまく築けていない様子が送迎時にうかがえた。

　T保育士はK美の気持ちを理解することに焦点を当て、話を聞くことにした。すると、①気持ちの余裕のなさは仕事面ではなく、家庭生活に顕著であること、②その背景には仕事に就くことを反対した姑に「仕事と家庭を両立する」と宣言して仕事をしているという状況があること、③そのため、何が何でも仕事と家庭を両立させようと無理を重ね、相当疲労しているということが明らかになった。また、K美の心情としては、①仕事と家庭の両立がうまくいかない、②子育てが想像以上に大変で、息子であるY太をうまく育てられない、③すべてがうまくいかず、そのことで自分自身に対して不満をもっているということが語られた。さらに、夫にはK美のこのような胸の内はほとんど話していないということもわかった。K美の話からT保育士には、このような状況が絡みあって疲れと気持ちのゆとりのなさを生んでいることが理解できた。そこで、T保育士とK美はまず「家庭生活において一番必要なことは何か」ということから話しあうことにした。すると、K美から最終的に家族全員が安心でき、精神的に穏やかに過ごすことが大切だという意見を引き出すことができた。

　日を改めて、2回目の個別面談を行った。この面談はT保育士とK美のほか、主任保育士とK美の夫が参加した。まずは、夫の話を聞き、夫からはK美の状況はうすうす感じてはいたものの、どう対応してよいものか手をこまねいてい

たこと、K美の性格を考えると、手助けをしてよいかどうかわからなかったことが語られた。この話を聞いて主任保育士は、夫の思いを肯定的に受け止め、そのうえでK美のサポートを夫に依頼し、K美には今必要なことはK美自身の気持ちの安定であること、何でも一人で頑張らなくてもよい、そして今までよく頑張ってきたことを伝えた。

　この相談を経て、K美はいまだイライラした感じはあるものの、T保育士には送迎時に進んで話しかけるようになった。

　事例のような親から申し込まれた相談の場合、既に現在悩みを抱えているため、申し込まれた時点で早急に対応することが重要である。その対応の仕方の詳細については第6章を参照してほしいが、事例に即して若干の説明をするならば、悩みを相談したいK美の話を十分に聴き、それを肯定的に受け止めることが何よりも重要である。また、この事例については夫の協力が不可欠であったため、日を改めて夫も参加しての面談となっている。K美、夫ともに仕事を抱えているので、何度も足を運ばせるような状況は避けたいところであるが、一応の解決をはかるために1度だけ行った。

　個別面談を終えて、K美の悩みがすべて解消したわけではないが、T保育士や主任保育士の話を聴く姿勢がK美に十分に伝わり、K美にとっては何か悩みがあったときに相談できる場所として認識されたに違いない。

2　子育て相談について

　子育て相談は、有効な家庭支援策の1つである。先述のように、保育所における家庭支援の対象者は大きく2つに分けられるが、子育て相談の場合、現にその保育所に子どもを通所させている家族と、保育所に子どもを通所させていないが、保育所と同じ地域に住んでいる子育て家庭の家族のどちらをも対象としている。とりわけ、近年では後者からの相談も増えつつある。

　以下、子育て相談の主な方法について述べる。

1．電話相談

　地域で悩みを抱える子育て家庭の家族が、気軽に相談でき、相談する保育所をはじめとする地域の子育てに関する資源の情報を得られるのが、電話相

談である。

　誰でも気軽に利用でき、なおかつある程度の匿名性も保てることから、実にさまざまな内容の相談が寄せられている。

電話相談で寄せられる相談の数々

【育児不安に関する相談】

　育児に悩んでいます。１歳を過ぎて歩き始めると、危険なものにばかり触れたがるようになりました。（危ないので）やめさせようとすると泣き叫び、どうしたらいいかわかりません。上手くかかわれず、子どもがかわいいと思えなくなっています。

【マタニティブルーに関する相談】

　産後１週間で退院。身体はだるいし、母乳は出ないし。おまけに子どもは泣くし。泣かれると、どうしたらいいか不安になります。夫は仕事で忙しく、「疲れているのだから」と言ってとりあってくれません。どうしたらいいのでしょうか。

【親の感情のコントロールに関する相談】

　自分一人で子育てしていると、とても気が滅入ってきます。夕食時の準備になると泣きだす子どもに、ついつい腹を立てて怒ってしまいます。昨日はとうとうたたいてしまいました。自分の感情のコントロールができなくなってきています。

【三世代同居による育児に関する相談】

　夫の両親との同居生活を始めたけれど、育児についてどうしても（夫の両親と自分の）意見があわず困っています。躾をしようとして子どもを叱ると、姑が子どもをかばい、躾ができない状況に毎日不満が募っていきます。どのように対応したらよいかわかりません。

【発達に関する相談】

　近所の子どもに比べてことばが遅れているのが気になります。表情がなく、発達が遅れているのではないかと、不安に思う日々が続いています。健康診断を受けた際、一度、児童相談所に行くことを勧められましたが、そのときは行かずにいました。発達が遅れているとは思いたくないのです。

(1) 多様で複雑な悩みをもつ親の姿

　このように実際の相談の内容をみると、切実な思いを抱えて電話をかけてきている姿がうかがえる。なかには、気軽に不安や悩みをうち明けられる友人や知人が身近におらず、一人で抱え込んでいる人もいるだろう。そういう

人にとっては、電話で相談するのが唯一の救いになっているのかもしれない。

(2) 親自身の相談へ

　相談内容は育児不安から母子保健、発達相談と、非常に幅の広いものとなっているが、これらは大きく３つに分類することができる。１つめは発達に関する相談で「近所の子どもに比べてことばが遅れているのが気になります。表情がなく…」とあるような「子どもの問題に関する相談」。２つめは親の感情のコントロールに関する相談で「夕食時の準備になると泣きだす子どもに、ついつい腹を立てて怒ってしまいます」とあるような「子どもとのかかわりに関する相談」。そして、３つめはマタニティブルーに関する相談で「身体はだるいし、母乳は出ないし」「夫は仕事で忙しく、『疲れているのだから』と言ってとりあってくれません」とあるような「親自身の相談」である。

　従来、保育士の役割は、「専門的知識と技術をもって児童の保育を行う」ことであったので、１つめの子どもの問題に関する相談、２つめの子どもとのかかわりに関する相談までに対応できればよかった。しかしながら、児童福祉法第18条の４にある通り、現在保育士には「児童の保護者に対する保育に関する指導を行う」ことまで求められていることから、育児を引き金にして起こっている３つめの親自身の相談にまで対応し、育児に携わる親が自信をもって育児ができるようにすることが求められている。

　そうは言っても、たとえば発達に関する相談のような子どもの発達に関するものや、親の感情のコントロールに関する相談のような児童虐待傾向を伴うようなものについては、保育所での対応に限界があるので、場合によっては児童相談所等の関係専門機関との連携も視野に入れる必要がある（児童虐待には児童相談所などへの通告義務があり、そのこともおさえておく必要がある）。

(3) 電話相談で対応する際のポイント

① 関係専門機関との連携を考慮すること

　まずは、保育所の機能役割、つまり保育所の保育士としてここまでなら対応できる、ここからは対応していくことがむずかしいといった線引きを明確化したうえで、対応のむずかしい事柄については、児童相談所、医療機関、保健所・市町村保健センター等の関係専門機関に紹介し、つなげていくことが重要である。ただし、状況によっては関係専門機関の支援を受けながら、継続して対応していくことが必要な場合もある。

② 電話で相談してきた苦しみやつらさ、背景を十分に受けとめること

　理想的なことを言えば、近所に親しい間柄の友人がいて、困ったことがあっ

たとき、その困りごとが大きくなる前に相談ができるという関係を個々に築いているのがよいが、実際にはそういう関係がつくれずに孤立している人も多い。また、電話をかけてくる利用者のほとんどが、来所したくとも話すことに抵抗を感じたり、子育て中で時間的な余裕がないなど、外出できない事情のある母親である。このような状況にある母親たちを温かく受け入れてくれる窓口があることは、これらの人たちにとってどれだけ救いであるかを想像することは、たやすいことであろう。

　このような背景を踏まえたうえで、電話をかけてくる利用者のことばに耳を傾け、そして受けとめることが必要である。

2．来所相談

　電話相談と比較すると、来所相談は相談を受けようとする意思をはっきりとした形で表しやすい。また、電話相談を受けた後、来所相談を行う場合もある。

　しかし、このときに来所相談に至った過程・背景を十分に考慮し、細心の配慮をもって迎え入れることが必要である。育児不安や育児ノイローゼの場合、自分が十分に育児できていないことに対してかなり自己嫌悪をもっていて、また、「育児ができないことを否定されるのではないか」という恐れをもっている場合もあるため、来所を約束したものの、来所することに抵抗を感じ、予約のキャンセルを行うことがある。さらに、来所直前になって話すことに不安を感じ、予約時間になっても来所しない等、さまざまな行動をとる場合がある。

　来所相談では、定期的に相談を行い、問題解決に向けて支援をしていくことになる。

　相談の過程は、状況把握から問題解決に向けた展開、そして解決という一連の過程を経て終結に至る。ただし、子育てに関しても、単純に解決する問題はほとんどなく、さまざまな要因が複雑に絡みあっていたり、問題そのものが複雑化していることも多い。

(1)　子どもの「問題行動」と家庭問題は表裏一体
　以下の事例は、ある男児が保育所で乱暴な言動をとるといった、いわゆる「問題行動」が観察され、その「問題行動」の改善に向けた取り組みを地道に行った成果を示したものである。

問題の発見と対応

【対象】

　保育所に通所しているＫ介（５歳）の事例である。Ｋ介は日常生活における行動が乱暴であり、他児に対して気に入らないことがあるとたたいたり殴ったりするといった問題行動が観察された。また、行動面だけではなく、ことば遣いも乱暴で、Ｋ介はクラス内でいつも孤立していた。

【背景】

　母親がＫ介と次男のＪ次（３歳）を連れての再婚で、義父も長女のＵ子（８歳）を連れての再婚同士であった。

　Ｋ介はこの義父との折りあいが悪く、叱責の的となり、いつも怒られていた。そのはけ口であるかのように、保育所では他児に向けた乱暴な行動が観察された。そのため、家族の再構築をはかること、Ｋ介の乱暴な行動の改善、さらに義父の叱責がひどくならないような虐待防止に向けた支援が必要であるとの検討がなされた。

【対応】

　母親が義父に遠慮し、Ｋ介が義父からひどい叱責を受けても、見て見ぬふりをしていた。そのため、母親はＫ介やＪ次を保護する状況にはなかったが、母親自身、この環境がよいとは思っておらず、内心気にはしていた。

　保育所では所長と主任が対応し、Ｋ介の乱暴な行動を改善するための支援と母親への精神的な支援を行うために登所、降所時に母親との面接を行うことを試みた。母親は当初、面接に拒否的であったが、Ｋ介の描いた絵画やＫ介の保育所での様子を聞くことで面接を受け入れていった。

【面接時間および面接回数】

　１週間に１回、１回あたり40～60分、６か月間継続で計38回実施した。

【面接経過】

１期：母親にＫ介の現状を知ってもらう時期（１～８回目）

　母親は登所・降所時、あえて保育士と顔をあわせないように慌ただしく帰っていくことが多く、保育士からの働きかけには応えてくれない時期であった。

２期：母親がＫ介の現状を知る時期（９～17回目）

　保育士の話を聞こうとしないため、Ｋ介の現状を連絡帳に記述して理解してもらえるように働きかけた。また、Ｋ介の描いた絵画を母親に見てもらい、Ｋ介の真意や心の内で揺れ動いている状況を理解してもらえるよう努めた時期であった。

３期：母親が状況認識できた時期（18～24回目）

　母親自身の抱えてきた問題が処理されずにいたことが明かされた時期でもある。再婚する際にも、母親の情緒が不安定なままであったことが語られだし、また一人になることをとても不安に思っていたことも語られた。

4期：家族の再構築の時期（25〜31回目）

　K介の描いた絵画を見て、母親がK介やJ次の状況を理解し始め、K介やJ次を保護し始めた時期である。母親が自分の力でK介やJ次を保護しようとする力（エンパワメント）をつけることができるように、保育所でも所長、主任、担当保育士が一体となって母親を支援した時期である。

5期：問題の終結の時期（32〜38回目）

　母親が、夫に対し遠慮せず思ったことやK介、J次についてのかかわり方を言えるようになり、また、K介の乱暴な行動がみられなくなり、穏やかにクラスの子どもたちとかかわりがもてるようになった時期であった。また、義父による叱責がなくなり、問題解決に至った。

　仮に「問題行動」だけに着目していたのであれば、K介に対する直接的な指導・支援をくりかえすことになり、K介の「問題行動」の改善には至らなかったかもしれない。K介の行動の背景をしっかりと見据え、その行動の裏側にある家庭の問題の解決に取り組んだことが解決につながったのである。園児がかかわる社会は家庭が中心であり、その他の社会の影響をあまり受けないため、K介のような問題行動は家庭からの影響を受けてあらわれているケースがほとんどといっても過言ではない。

　したがって、保育所で子どもとかかわる保育士においては、従来の子どもを保育するための専門性の他に、家族にかかわる専門性（ここではソーシャルワーク）が必要であることが理解できたであろう。

(2)　来所相談に対応する際のポイント

　以下に、来所相談を行う際の対応のポイントを整理する。

①　本当に抱えている問題は何なのかを読みとること

　相談として示される主訴は、実際抱えている問題とは異なる場合がある。利用者のなかには、本当に困っていることが言い出せず、戸惑っている人もいる。このように利用者が話す表面的な問題にとらわれず、本当に抱えている主訴を読みとり、利用者の一番苦しい部分を理解していくことが、問題解決に向けた相談を行ううえで重要な第一歩となる。

②　問題解決に向けて利用者と保育士が同じ方向性を共有すること

　利用者の本当に抱えている主訴を読みとれたとしても、その解決に向けて利用者と保育士が違う方向を見ていたのでは、問題解決には至らない。問題解決に向けた方針を話しあいのなかで一致させ、利用者が自分の力で問題に向きあい、自らの力で問題解決できるよう支援していくことが重要である。

3．電子メール等による相談

園からの連絡、クラスに向けた連絡時に電子メール（Eメール）を使う保育所が増えている。相手が不在であっても連絡ができたり、業務事項の一斉連絡ができるなどとても便利であるが、反面気をつけなくてはならない点も多々ある。

(1) 電子メール等による相談のメリット

子どもを保育所等に預けて仕事をする親にとって、時間の有効利用は必須である。その点、電子メール等であれば保育士からの連絡を必要事項がまとまった文書として一気に確認することができる。また、自身からの連絡は、子どもの就寝後など、時間に余裕があるときに発信することができる。

保育士にとっても、忙しい親を引き留めて話をしなければならないなどの気遣いが軽減される。また、文字に残すことで、あとで内容を確認したいときなど簡単に見直すことができる。

(2) 電子メール等による相談のデメリット

電子メール等は、情報を一方的に発信するという面がある。直接顔を見ながら、また声を聞きながら、互いに意思の疎通をすることで伝わる情報やニュアンスなども、一方的な文字情報では伝わらないことが多々ある。そのため、情報や互いの思いを誤って理解し、場合によっては問題を複雑化してしまう場合もある。

また、電子メール等は簡易である反面、些細なことから大きな問題（個人情報の流出など）につながる。電子メール等における情報漏洩の要因には大きく以下の2点が挙げられる。

① 物理的要因（外部要因）

情報を管理しているパソコンがウイルスなどに感染し、大量の情報が流出するといった事件があとを絶たない。保育所のパソコンのセキュリティを厳重にすることはもちろんのこと、情報を保育所外に持ち出さない（外部メモリに保存して、自身のパソコンに移動する［人的要因］などの行為をしない）など、組織をあげての対策が必要である。

② 人的要因（内部要因）

情報漏洩は、前述の物理的要因よりも人的要因によることが多い。例えば、操作ミスによるデータの喪失やメールの誤送信、前述の情報の持ち出しによる紛失・漏洩から、場合によっては故意による漏洩など、状況はさまざまで

ある。

　人によるミスは確実に起こるものである。このことを前提に普段から確認作業を重ねることで、問題を減らしていく。例えば親からの相談への回答や保育士側からの連絡等をメールで送る場合、送信内容を作成後、改めて内容そのものに関する配慮とメールアドレス等の確認を行った上で送信することで、さまざまな問題を防ぐことができる。

3　子育てを自ら実践する力の向上

　2017（平成29）年告示の保育所保育指針では、新たに「第 4 章　子育て支援」が設けられた。そのなかで、保育所を利用している保護者に対する子育て支援について、「保護者の相互理解」「保護者の状況に配慮した個別の支援」「不適切な養育等が疑われる家庭への支援」という 3 項目に整理された。

1．保護者との相互作用

　従来から保護者との相互理解に向けたかかわりについては、さまざまな保育の場面において保育士の対応が重要視されている。たとえば保育所で行われる遠足や遊戯会、運動会等の行事、保護者会、保育参観、個人面接、家庭訪問等の機会を生かし、保育所で行う保育を意図的に保護者に説明する。それとともに、子どもの様子や状況を個々に互いに伝え合う。このように、子どもの日々の様子の伝達や情報収集、保育所で行う保育の糸の説明などを通じて、保護者との相互理解を図る。

　また、保育士による子育て支援の目的として、保護者の「子育てを自ら実践する力」の向上があげられるが、保護者が保育活動に積極的に参加することは、この力の向上に寄与する。たとえば運動会の設営、お遊戯会等の作業準備等に関するお手伝いであっても、保護者が保育所側とともに主体的に子育てを行える大切な機会となる。保護者が率先して参加し、体験することで、保護者自らの子育ての学びにつながる。また行事を通じて子どもの遊びに参加することも、子どもの成長を間近に感じるよい機会となる。家庭ではなかなか見ることのできない日々の保育から伺われる様子や子ども同士のかかわり合い、さらに言動のなかに、大切な成長を垣間見る体験につながる。このとき保育士が何気なく子ども達に声掛けする様子も、保護者の気づきにつながるだろう。なお、日々就労中の保護者に対して保育活動参加の依頼をする

のであるから、その保護者の状況に添い、無理強いせず活動の工夫や時間的
配慮等をしたうえで、保育参加の機会を提供する必要がある。

2．保護者の状況に配慮した個別支援

　保護者の状況に配慮した個別支援として2つの留意点がある。1つ目は保
護者の需要にあった保育がなされているかどうか、2つ目は、保育を受ける
子ども側の生活全体の配慮がなされているかどうかである。

　保護者の就労のために保育所で預けられる子どもの立場を考えた場合、ま
ず子どもの最善の利益を考え、子どもの情緒の安定と健全な成長を促すため
の支援が基本となる。以下、保護者のさまざまな状況における保育について、
事例をあげる。どのような家庭の状況があり、どのような保育の可能性があ
るのか考えてみよう。実際の支援については次章以降で解説しているため、
そちらで学んでほしい。

⑴　病児の対応について

　通常、子どもを保育所に預けている場合でも、急な発熱等、子どもが病気
になった場合は集団保育の場に預けることはできない。しかし、就労中の保
護者の方も急な事情では仕事を休めないことが多い。そのようなとき、保育
者が安心して就労できるよう、病院診療所に併設した保育所等で病気・病後
の子どもを預かる「病児保育事業」が行われている。

1歳児の急な発熱

　1歳児の急な発熱で起きた出来事である。
　朝起きた時からＹ太（1歳）の調子が悪く、熱を測るとすでに38度の発熱が
あった。母親のＴ子さんはこの日、仕事で大切なプレゼンテーションの予定が
あり、早く仕事に出かけなければならない状況であった。父親のＴ也は早朝か
らの仕事ですでに出かけている。頼みの綱である実家の母に連絡すると、夫婦
で旅行に出かけており、急には帰れないという。
　Ａ保育所にこの状況を伝えると、近くの病児受け入れを行っているＢ保育所
を紹介された。人数制限があるということで連絡をしてみると、幸い受け入れ
可能であった。Ｂ保育所に、何かあったときの連絡先と仕事が終わり次第に迎
えにくる旨を伝え、Ｙ太を預けて仕事に出かけた。
　しかしプレゼンテーション開始直前、Ｂ保育所から連絡があり、Ｙ太が熱性
けいれんを起こしたため緊急で近郊の病院に搬送する旨の連絡を受けた。仕事

表6－1　親子サークルのプログラム例

5月	はじめまして、園庭で遊ぼう
6月	園庭で遊ぼう、親子で遊ぼう（手遊び・リズム遊び）、食育相談
7月	園庭で遊ぼう、七夕製作、色水遊び、育児相談
8月	園庭で遊ぼう（水遊び、プール遊び）
9月	園庭で遊ぼう、ミニ運動会
10月	園庭で遊ぼう、人形劇を楽しもう、歯科相談
11月	園庭で遊ぼう、親子でふれあい遊び、育児相談
12月	親子で遊ぼう、親子クッキング、クリスマス会
1月	親子で遊ぼう（ふれあい遊び、歌遊び）、育児相談
2月	親子で遊ぼう（ふれあい遊び、歌遊び）

にとっても園に慣れるよい機会となる。

　在園時の保護者がボランティアとして教室の運営をお手伝いしている園も
みられる。地域のなかで多くの親子が相互に育ちあう場づくりをして、地域
全体の子育て力を高めていく視点をもった取り組みが今後ますます必要とさ
れるだろう。

3　地域の子育て家庭への支援の実際

　次に、「地域子ども・子育て支援事業」のなかから、「地域子育て支援拠
点事業」「子育て援助活動支援事業（ファミリー・サポート・センター事業)」
「病児保育事業」について、実際の様子を交えながら見ていく。

1．地域子育て支援拠点事業

(1)　経緯

　「地域子育て支援拠点」は、1990年代から主に保育所に併設されてきた「地
域子育て支援センター」と、民間で子育て当事者等が中心になって立ち上げ、
草の根的な運動から発展した「つどいの広場」の両事業が、2007（平成19)
年に再編・統合して誕生した。その後2012（同24）年の「子ども・子育て関
連3法」での再編の後いくどかの再編を経ながら現在の形になっている。公
共施設や保育所、児童館等の地域の身近な場所での実施と、NPOなど多様
な主体の参画による地域の支え合い、子育て中の当事者による支え合いによ
り、地域の子育て力を向上させようと取り組まれている。2019（令和元）年

現在、全国に7,578か所の拠点が展開している[8]。

(2) 地域子育て支援拠点の4つの基本事業と支援の実際

　厚生労働省が定めたガイドラインによると、地域子育て支援拠点は週4～5日開設し、スタッフが常駐しており、次にあげる4つの基本事業を実施している。

① 子育て親子の交流の場の提供と交流の促進
② 子育て等に関する相談、援助の実施
③ 子育て及び子育て支援に関する講習等の実施
④ 地域の子育て関連情報の提供

以下に示す2つの事例から、子育て支援拠点の事業について説明していく。

① 子育て親子の交流の場の提供と交流の促進

地域のなかに親子の居場所ができていく

　Y里さんは第1子のT美を出産後、2か月で夫のM也さんの転勤に伴い故郷を離れてはじめての土地A市に転居してきた。故郷では、実家は近くにあり、姉夫婦もいたため、出産も子育ても何の心配もなく迎えることができたが、新しい土地では頼れるのは夫だけ、しかしその夫も新しい職場に慣れることに精いっぱいで、T美の子育てにかかわる余裕も全くなくなってしまった。

　土地勘もなく、近所に知り合いは一人もおらず、はじめての子育てを子どもと二人きりで一日中過ごす日々となった。インターネットで情報検索するしかなく、よく泣くわが子に寝不足の日々を送っていた。

　そんなとき、転居の手続きに行った市役所の窓口でもらった子育て情報誌に載っていたA市地域子育て支援センターのことを思い出し、ホームページを検索した。写真にはカラフルな遊具がたくさんあり、笑顔で遊ぶ子どもや保護者の姿が見られ、勇気を出して行ってみることにした。何をもっていけばよいか決められず、大きなカバンにT美の着替えやおむつ、ミルクなどたくさんつめこみ、緊張しながら建物に入った。

　センター入り口にはスタッフのユミ先生がいて、明るい笑顔で「こんにちは、よく来たね」と出迎えてくれた。センターは広く開放的で、数組の赤ちゃん連れの母親が集っていた。ちょうど月齢の近い赤ちゃんのママをユミ先生が紹介してくれたおかげで、話が弾み、地域のいろいろな情報も聞くことができた。

　Y里さんは、ほぼ毎日のようにセンターに足を運ぶようになった。T美もユミ先生や友達と毎日顔をあわせるなかですっかり慣れて、活発に遊ぶようになった。Y里さんは、月齢の早い子どもたちを見ることで、次はこんな風になっ

ていくのだなと、子育ての見通しが少しずつもてるようになった。また子ども
を遊ばせながら、ママ友やユミ先生に、子どもの夜泣きに悩まされていること
や、離乳食をいつから始めたらよいか悩むことなど、日々の子育てで誰に相談
してよいかわからなかった話を聞いてもらったことで、気持ちが楽になり自然
と子育てが楽しいと思えるようになっていった。

　転職で余裕がなく子育てにかかわれずにいたM也さんも、引っ越してきた当
初は元気のなかったY里さんが、次第に笑顔が増え、センターの話を楽しそう
にするのを聞きながら、新しい土地でたくましく自分の居場所をつくっている
妻にホッとした。

　センターは日曜日も開放している。日曜日はY里さんがゆっくりできるよう、
M也さんがT美とセンターに出かけることも増えた。そんなときもユミ先生や
スタッフは、変わらず笑顔で迎え入れてくれている。

　知らない土地でのはじめての子育て、多くの不安と心細さ、ひとりぼっち
の感覚を抱えた若い母親にとって、拠点へ最初の一歩を踏み入れることが、
どれほど勇気がいることかが伝わってくるだろう。そして、明るい笑顔で「こ
んにちは、よく来たね」といつでも出迎え、受け入れてくれる人がいること
が重要であることが理解できるだろう。

　また、「T美もユミ先生や友達と毎日顔をあわせるなかですっかり慣れて、
活発に遊ぶように」なったり、Y里さんは「日々の子育てで誰に相談してよ
いかわからなかった話を聞いてもらったことで、気持ちが楽になり自然と子
育てが楽しいと思えるようになっていった」とあるように、こうした自然な
親子の交流のなかで、地域のなかに親子の居場所ができていく。このように
親子の交流が進むようにするには、場の全体に目を配りながら親子と信頼関
係を結び、親同士がつながる橋渡しをする役割を拠点スタッフである保育者
が果たすことが重要となる。そのなかで、保護者が親としての自分の成長を
実感できるような支援をしていくことが求められている。

② 　子育て等に関する相談、援助の実施

親も子どもと一緒に育っていく

　A実は、早くに母親を亡くしたので里帰り出産はできず、夫のK平さんと二
人で出産・子育てを頑張ってきた。第1子のT志には寂しい思いをさせたくな
いと思い、T志と毎日過ごすために仕事も辞めて育児に専念してきた。B町地
域子育て支援拠点「あおぞら」に毎日のように通い、育児サークルにも入り、

子育てを楽しみながら、夫婦でＴ志をとてもかわいがって育ててきた。

　Ｔ志が２歳２か月のときに第２子のＮ樹を出産した。出産時に２週間だけＫ平さんのお母さんに手伝いに来てもらったが、義母も仕事があるので長期の援助は頼めず、Ｋ平さんも１週間の育児休暇は取れたが、それ以上は仕事を休めずに復帰した。Ｎ樹くんが新生児の間は「あおぞら」に行くこともできず、赤ちゃんの世話と、赤ちゃん返りとイヤイヤ期が重なったＴ志の世話で、これまでＴ志に大声をあげたこともなかったＡ実さんが、毎日のようにイライラして怒鳴ってしまうようになった。泣きながら寝るＴ志を見て、毎晩Ａ実さんは落ち込むようになった。

　このままではだめだと思ったＡ実さんは、二人をつれて久しぶりに「あおぞら」へ行くことにした。「あおぞら」のスタッフのミドリ先生が、「待ってたよ、久しぶりだね。」と出迎えてくれたのを見て、Ａ実さんは思わず泣いてしまった。Ｔ志は久しぶりにきた「あおぞら」で好きな電車遊びや滑り台遊びなどたっぷりと楽しみ、Ａ実さんは、ミドリ先生やほかのママたちとのおしゃべりができたことで、しばらくぶりに気持ちが晴れ晴れとしていった。

　しかし、０歳児と２歳児の子育ての日々は大変で、怒らないでおこうと思っていても、毎日怒っている自分にＡ実さんは自分を責める日々となっていることを、ミドリ先生に打ち明けた。「母親を早くに亡くしたから、私は母親がよくわからない。だからこんな私が母親になるのは失格なんじゃないかと思えて仕方ない。こんな私に育てられる二人がかわいそう」といって泣きながら、話を聞いてもらった。ミドリ先生は、「子育てに戸惑うのはみんな同じ、親は子どもと一緒に育っていけばいいのよ」と「あおぞら」で開催される「子育てプログラム」に参加することを勧めてくれた。

　「子育てプログラム」には、８組の母親が参加して、前向きなしつけの方法や、子どもとの良い関係づくりの工夫など、お互いの子育てについて話し合いながら毎週１回８週間にわたり学びあった。ほかのママたちの話を聞きながら、Ａ実さんは、「子育てに悩んで落ち込んでいるのは私だけではなかった」「みんな同じように悩みながら親になっていっている、私は一人じゃない」と思えるようになった。そして、具体的な子どもとの前向きなかかわり方や、イヤイヤ期の子どもへのしつけの方法などを試しながら、Ｔ志にあった方法を見つけていくことができていった。８週間もの間頑張れたのは、同じ思いで子育てしているママたちが一緒に頑張っていたからであり、講師の先生たちが温かく励ましてくれたおかげだった。

　Ａ実のような子育ての悩みを抱えて拠点にやってくる保護者に対して、スタッフは最も身近な相談相手となる。温かく迎え入れ、あいさつし、声をか

け、何気ない雑談、子どもと遊んでみたりするなかで、保護者の気持ちがほ
ぐれ、子どもへのかかわりに余裕が生まれることで、赤ちゃん返りのような
問題が自然と解決していくことも多い。

　ホッとしたところで、スタッフとの距離が縮まれば、この人になら話せる
かもしれない、この場のママたちなら打ち明けられるかもしれないと、自分
自身の問題についても話をして解決したいと望む保護者もいる。そのような
ときに、温かく共感し、「子育てに戸惑うのはみんな同じ、親は子どもと一
緒に育っていけばいい」と声をかける援助が、A実のような保護者には力と
なり本来の子育てを楽しむ力がわいてくる（エンパワメント）につながって
いく。

　もちろん、虐待、マルトリートメント、障害のように相談内容が専門的な
知識や技術を必要とするときには、スタッフは専門機関や専門家につなぐこ
とも重要な役割の一つである。連携先の機関同士の担当者が顔見知りである
関係をつくり、いつでも連携できる体制をつくっておくことが大切である。

③　子育ておよび子育て支援に関する講習等の実施

　A実さんが利用した、週1回8週間にわたり開催された「子育てプログラ
ム」は拠点が開催する講習会の一つである。保護者が子育てを学び、子育て
を楽しめるようなさまざまな講習会を、どの拠点も保護者のニーズに合わせ
て工夫を凝らして催している。親子で楽しむお祭りやお楽しみ会、七夕やク
リスマス会のような季節の行事、産前産後の身体をいたわるためのセルフケ
ア教室やヨガ、離乳食教室や親子クッキングなどの食育活動、赤ちゃんとの
触れ合いベビーマッサージや読み聞かせ、わらべ歌でのふれあい、防災ピク
ニックや救急法などいざというときのための備えをみんなで学ぶなど、誰で
も気軽に参加できるイベントが多様に企画されている。「子育てプログラ
ム」のように、親同士が同じ経験をする者同士だからこその思いを語り合う
場をもつことも、保護者の子育て力を引き出すうえで重要である。

　また、2019（令和元）年6月の児童福祉法改正を受けて、2020（同2）年
4月から子どものしつけに体罰禁止が施行された。それを受けて厚生労働省
は「体罰等によらない子育てのために」という啓発を行っている[9]。親が子
どもの人間性を尊重したしつけの方法を学ぶ機会をもつことがこれからます
ます必要とされるだろう。

　嶋野・前田（2020）[10]は子育て支援センターにおいて、0歳児の母親14名
を対象に、親子の安定したアタッチメント形成と関係性の促進を目的とした
「安心感の輪子育てプログラム（COS-P）」を実施した報告をしている。そ
れによると、第1子0歳児を育てる保護者は子育てがわからず何が大切か学

びたい、安心したいと望んでいた。わずか2回のプログラム受講だが、アタッチメント理論を非常にシンプルでわかりやすい「安心感の輪」の図の提示とDVDによる解説で伝えたところ、「ただシンプルに寄り添うことが一番大事とわかり気が楽になった」「気持ちにゆとりをもって子どもにかかわれそう」という変化が見られた。また、支援センター職員にとっても、プログラム実施は「養育者理解、親子の関係性理解を助けることにつながり、その情報をもとにセンターでの今後の養育者支援に活かすことができる」と述べられている。今後、こうしたしつけや子どもへのかかわりに効果のあると実証されているプログラムを身近な場所ですべての保護者が受けられるようになっていくことが必要だと考える。

④　地域の子育て関連情報の提供

　子育てに必要な情報が拠点には多く集まっており、それを保護者に発信することも拠点の重要な仕事である。各自治体も、「子育てマップ」「情報誌」などの名称で、パンフレットやPDFを作成して発信していることが多い。

　さらに、保護者にとっては保護者が実際に体験したことや、利用した情報、いわゆる口コミが役に立つことが多い。拠点では、そうした情報交換ができる場づくり、口コミや実際に利用した人の感想など、生の声を掲示するなど、情報発信の工夫も重要である。

　ここまで、地域子育て支援拠点を利用する保護者の事例を通してみてきたように、拠点は子育て中の保護者に、あなたは一人ではないというメッセージを届けていると同時に、多くの人がかかわり合って一緒に励まし合い協力し合いながら子どもを育てていく地域づくりの拠点でもあるといえるだろう。

2．子育て援助活動支援事業（ファミリー・サポート・センター事業）

　ファミリー・サポート・センター（通称ファミサポ）は、地域のなかで、子どもを預かってほしい人（依頼会員）と、子どもを預かる援助をしたい人（提供会員）が登録し、アドバイザーが相互の調整を図り、お互いの助け合い活動の促進を図る事業である（図6-4）。2019（令和元）年度、全国に依頼会員60万人、提供会員15万人が登録し、この事業を利用している。援助活動の内容は、保育所の送迎、降園後保護者が帰宅するまでの間の預かり、学校の放課後児童の預かりや学童クラブ後の預かり、親が学校行事等の際の下の子の預かりなど、さまざまな場面での活動がなされている[11]。

　北海道白老町子育てふれあいセンターは、先述の子育て支援拠点事業と

図6－4　ファミリー・サポート・センター

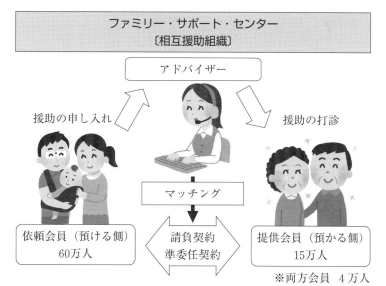

ファミリー・サポート・センター
〔相互援助組織〕

アドバイザー

援助の申し入れ　　　　　　　　援助の打診

マッチング

依頼会員（預ける側）
60万人

請負契約
準委任契約

提供会員（預かる側）
15万人

※両方会員　4万人

資料　厚生労働省「子育て援助活動支援事業（ファミリー・サポート・セン
　　　ター事業）の概要」2020年

ファミサポ事業の両方を担っていることで、支援の必要な人のニーズに幅広
く応えている。拠点は専業主婦や育児休業中の人の利用が多く、ファミサポ
は共働きやひとり親家庭の利用が多く、多様な子育て家庭と繋がり援助がで
きている。年間出生数が70人ほどの町にあって、ファミサポの年間利用件数
はのべ1,500件と、町の人々の相互の活発な助け合いの輪が見えてくるよう
だ。このように多様な子育て家庭と複数の事業でつながりながら、家庭の悩
みをじかに把握することで、保護者の声を町政に届け、たとえばひとり親家
庭のファミサポ利用料の助成の実現など、子育てしやすい町づくりへとつな
がっている[12]。

3．病児保育事業

　保護者が就労している場合など、子どもが急な発熱があっても仕事を休め
ない、あるいはすぐには迎えに行けないということは多い。そうした子ども
が病気のときや病気の回復期に保育をしてくれるのが病児・病後児保育であ
る。看護師と保育士が常駐しており、安心して子どもを預けることができる。
また、すぐにはお迎えに行ってあげられないというときのための、お迎え型
保育や、子どもの家庭に一定の研修を受けた看護師・保育士などが訪問して
自宅で病児の保育にあたる訪問型病児保育などもある。

図6-5　お迎え型病児保育事業

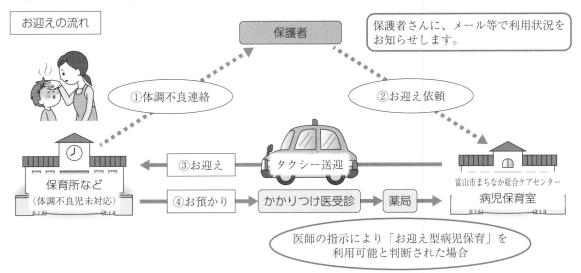

資料　富山市まちなか総合ケアセンター「お迎え型病児保育事業」
　　　https://machinaka-care.city.toyama.lg.jp/guide/svGuideDtl.aspx?servno=23

　　富山市では、病児・病後児保育、およびお迎え型病児保育が実施されている。事前登録をしておくと、子どもの急病のときにも子どもを預かってもらえる。子どもの年齢発達と病状に応じた対応を個別に行ってくれる。また、お迎え型病児保育は、保育所等へ看護師と保育士が一緒に保護者に代わってタクシーでお迎えに行き、病院受診、病児保育室で保護者の帰宅まで預かり看護する仕組みである。

　　女性の就労率が高く共働き率が全国上位である富山県に限らず全国的にも共働き率の上昇は続いている[13]。仕事と家庭生活とのワークライフバランスを保ちながら、特に女性にとって就労を継続しやすい環境を整えていくためには、お迎え型病児保育のように保護者の多様な保育ニーズに合わせたきめ細かい保育を提供していくことが重要であろう。

〈引用文献〉
1）豪田トモ監督『ママをやめてもいいですか！？』映倫　2019年
2）明和政子『まねが育むヒトのこころ』岩波書店　2015年
3）明和政子『ヒトの発達の謎を解く―胎児期から人類の未来まで―』筑摩書房　2019年
4）NPO法人子育てひろば全国連絡協議会「地域子育て支援拠点事業に関するアンケート2015」概要版　2016年
　　https://kosodatehiroba.com/new_files/pdf/away-ikuji.pdf
5）ベネッセ教育総合研究所「速報版第5回幼児の生活アンケート」2015年　p.6

6）前掲書3）

7）三菱UFJリサーチ＆コンサルティング「一時預かり事業の運営状況等に関する調査報告書』2019年

8）厚生労働省ウェブサイト「地域子育て支援事業について」
https://www.mhlw.go.jp/stf/seisakunitsuite/bunya/kodomo/kodomo_kosodate/kosodate/index.html

9）厚生労働省ウェブサイト「体罰等によらない子育てのために～みんなで育児を支える社会に～」
https://www.mhlw.go.jp/stf/seisakunitsuite/bunya/kodomo/taibatu.html

10）嶋野珠生・前田智子「富山県内の子育て支援センターでの「安心感の輪」子育てプログラム実践報告」『富山短期大学紀要』第56巻　2020年　pp.55－67

11）厚生労働省「子育て援助活動支援事業（ファミリー・サポート・センター事業）の概要」
https://www.mhlw.go.jp/content/000666792.pdf

12）子育て支援合同委員会「全国子育て支援ひろばMAP」『子育て支援と心理臨床』第17巻　2019年　p.98

13）総務省「平成29年就業構造基本調査」
https://www.stat.go.jp/data/shugyou/2017/index.html

コラム　コロナ禍とスマホ子育て

　昨年度、私が所属する短大の卒業生が、スマホ子育てに興味をもち、こども園の保護者約300名を対象に調査をした。富山は3世代同居が多い土地柄であるため、学生たちは、おそらく同居で子育てを手伝ってくれる人が多いほどスマホに頼って育児する率は低くなり、逆に親が近くにいない保護者ほどスマホに頼る育児が多いのではないかと予想した。ところが、結果は、同居の人のほうがスマホを頻繁に使う率が高くなり、逆に家に子育てを手伝ってくれる親がいない別居の人のほうが、できるだけスマホを使わないで子育てしようとしていた。これはどういうことだろうかと、インタビュー調査をしたところ、面白い結果になった。

　彼らの調査によると、家事で忙しく手が離せないときなどの保護者のスマホ使用頻度に影響を及ぼす要因の一つは、同居、近居、別居という「居住形態の違い」よりも、家族のなかで「子育てに対する考え方が一致しているか、不一致であるか」ということであった。つまり、たとえ一緒に暮らしていても、子育てへの考え方が一致しておらず、多くの家庭で養育の中心となる母親の子育てへ夫や祖父母などの理解が不足している場合や、十分な協力が得られない場合は、母親たちはかえってスマホに頼る方へと向かっていくようである。地域子育て支援では、都会ほどアウェイ育児が多く近所に頼る人がいないという結果になっているが、地方においても、詳細にみていけば、一緒に暮らしているから、地域での暮らしが長いから、子育てへの理解と協力が得やすいのかといわれると、必ずしもそうではないようである。

　そして2020年、新型コロナウイルスの流行は、園や学校が休園、休校、保護者はリモートワークとなり、家庭で保護者が子どもと過ごす時間が増えた。もともと家族が子育てへの考え方が一致して、協力的であっても、コロナによる長期の家庭育児への負担は家族のストレスを高め、スマホやタブレットに頼る育児は増えたはずである。ましてや、もともと母親に子育てと家事の負担が偏っていた家庭であれば、さらなるストレスが追い打ちをかけ、ますますスマホに頼らざるを得なくなったのではなかろうか。

　ニュース報道は、子どもたちの運動量が減り、スマホやタブレットの使用率が激増したことを報じていた。また、虐待、DV件数が増加したこと、産後うつが2倍に増えたこと、20代30代女性の自殺率が増加したことも、ニュース報道で取り上げられるようになった。社会が危機に瀕したときには、これまでの社会システムの脆弱性が顕著に露呈するのだといわれる。最も弱い人たちにその打撃が集中してしまう。この国の女性と子どもへの支援がまだまだ不十分であることが見て取れるのではないだろうか。

　子ども・子育て支援新制度ができ、支援メニューはずいぶん充実したといわれる。これからはコロナと共存していくために、デジタル化を急速に進める必要性が出てきた。幼児教育も、学校教育現場も一気にICT化が進んでいきそうである。しかし、幼い子どもを抱える家庭において保護者が最も求めているのは、どんなにデジタル技術が進んでも、やはり、子育て家庭への周囲の人々の理解と優しいまなざしが増えることなのだということを、学生たちの研究に立ち返って思いを強めている。

第**7**章

◆　◆　◆　特別な配慮を要する家庭への支援の実際　◆　◆　◆

キーポイント

　近年、保育所等では、被虐待児、外国籍の子ども、発達障害児、ひとり親
家庭の子ども等の入所が増えている。こうした子どもたちが、安心できる環
境のもとで、のびのびと生活をするためには、個々の家庭の状況を詳細に、
しかも肯定的に理解し、家庭の事情に応じた特別な支援を行うことが必要で
ある。これは「親子に寄り添う」ことに徹する姿勢を頑なに貫きとおす実践
であり、換言すれば、保育所等における通常業務や保育者自身の能力の限界
に挑戦する「言うは易し、行うは難し」の営みである。
　本章では、虐待により一歩誤れば子どもの生死にかかわるぎりぎりの場面
で向き合う親子、コミュニケーションの壁を背景にもち、脆弱な生活環境下
に置かれた外国籍の親子、長期にわたる特別な支援を必要とする発達障害の
子どもの家庭、新たに家族関係を構築する里親・特別養子縁組の家庭等につ
いて、どのような課題があり、どのような配慮が必要となるかを具体的に検
討していく。

1　養育支援を必要とする家庭への支援

1．児童虐待の現状と対応の推移

(1)　児童虐待とは

　血や肉を分けた子どもに手をかけ、死に至らしめてしまう痛ましい事件が
後を絶たない。
　「児童虐待の防止等に関する法律」(以下「児童虐待防止法」)では、児童
虐待を「身体的虐待」「性的虐待」「ネグレクト」「心理的虐待」の4種類に
分類し、第2条において以下のように説明している。
　①　児童の身体に外傷が生じ、または生ずるおそれのある暴行を加えるこ
　　と(身体的虐待)。
　②　児童にわいせつな行為を行うこと、または児童をしてわいせつな行為

をさせること（性的虐待）。

③　児童の心身の正常な発達を妨げるような著しい減食または長時間の放置、保護者以外の同居人による①②、および④の行為と同様の行為の放置その他の保護者としての監護を著しく怠ること（ネグレクト）。

④　児童に対する著しい暴言または著しく拒否的な対応、児童が同居する家庭における配偶者に対する暴力、その他の児童に著しい心理的外傷を与える言動を行うこと（心理的虐待）。

　厚生労働省による発表では、2019（令和元）年度に児童相談所が対応した児童虐待相談対応件数は19万3,780件であり、1990（同2）年度（1,101件）に比べて約176倍になっている[1]。

　国は、死に至ってしまう虐待については、専門家により、背景・経緯・対応など詳しい事例の検証を行うこととしており、2007（平成15）年に1回目の検証報告が行われ、その後、2020（令和2）年までに16回の検証報告がなされている。

　対象となる人数を示したものが表7－1である。表によれば、虐待による死亡件数は2007（平成19）年（第5次）の78件をピークに、多少の増減を繰り返しつつも、若干ではあるが減少していることがわかる。このことから、児童相談所等が虐待として対応した件数は毎年増加している一方で、関係機関のさまざまな努力（対応件数の増加等）により、死に至るほどの重大事件の件数の増加には至らない段階でとどまっていると考えることができる。

表7－1　死亡事例数および人数（第1次報告から第16次報告）

	第1次	第2次	第3次	第4次	第5次	第6次	第7次	第8次
心中以外	25	50	56	61	78	67	49	51
心中	－	8	30	65	64	61	39	47

	第9次	第10次	第11次	第12次	第13次	第14次	第15次	第16次
心中以外	58	51	36	44	52	49	52	54
心中	41	39	33	27	32	28	13	19

注　　第1次報告は、対象期間が2003（平成15）年7月1日～12月末日（半年間）、第5次報告は2007（同19）年1月1日～2008（同20）年3月31日（1年3か月間）、それ以外は4月1日～翌年3月31日（年度間）と、対象期間（月間）が異なる。
資料　社会保障審議会児童部会児童虐待等要保護事例の検証に関する専門委員会「子ども虐待による死亡事例等の検証結果等について（第16次報告）」2020年をもとに作成
　　　http://www.mhlw.go.jp/content/11900000/000533868.pdf

(2)　国・地方公共団体における対策の推移

　児童虐待への対応については、2000（平成12）年に児童虐待防止法が制定

されたことから、国全体としての取り組みが本格的に開始されたといっても
よい。この法律の制定により、虐待について明確な定義がなされ、これまで
曖昧であった、しつけと虐待の間に明確な線が引かれた。また、児童相談所
を中心とした虐待対応の枠組み、住民による通告の義務等の、基本的な枠組
みが整備された。

　表7－2は、児童虐待防止法制定後の児童虐待対応に関する制度の変遷に
ついてまとめたものである。ここから明らかなように、児童虐待への対策は、
児童相談所を対応の専門機関として位置づけたところから始まり、現在では、
地域全体で取り組まれるようになった。市町村は、子育て相談の機能を充実
させることにより、虐待を未然に防ぐとともに、保護者との協力関係を重視
しながら、保護者自身が虐待に至らずに子育てをすることができるような支
援を行う。児童相談所は、子どもの生命にかかわるような、深刻な虐待事案
に対して、行政的な権限を行使して、親と子を分離し、指導を行う役割を担
う。県と市町村が連携を取り、子どもが安心して健やかに育つ社会を作って
いくための仕組みが次第に整えられてきた。

表7－2　法令の制定・改正による児童虐待への対応の変化

西暦	法律等の制定・改正	主な内容
2000	児童虐待防止法制定	虐待定義、児童相談所を中心とした体制整備
2004	児童福祉法・児童虐待防止法改正	通告先として市町村の追加、通告義務の拡大（虐待と思われる場合も対象）
2005	市町村児童家庭相談援助指針の策定	市町村による相談体制の整備
2007	児童福祉法・児童虐待防止法改正	児童相談所の立ち入り調査強化、施設入所中の保護者への通信・面会制限、要保護児童対策地域協議会設置の努力義務化
2008	児童福祉法改正	乳児家庭全戸訪問事業・養育支援訪問事業等の法定化
2011	民法・児童福祉法改正	親権停止および管理権喪失等について、児童相談所等の請求権付与
2015	児童相談所全国共通ダイヤル189	通告相談体制の整備
2016	児童福祉法・児童虐待防止法改正	市町村・都道府県・国の役割の明確化、児童相談所の機能強化、母子健康包括支援センターの設置・要保護児童対策地域協議会の調整機関に専門職の配置等の努力義務化等

資料　法令等をもとに筆者作成

２．市町村による子育て支援を要する家庭への支援

(1) 子育て支援事業

　2015（平成27）年度から本格施行となった「子ども・子育て支援新制度」においては、市町村が実施主体となり、子育て家庭への支援を多面的に実施することとなった。「地域子ども・子育て支援事業」として、13の事業が指定され、子ども・子育て支援法第59条により、市町村子ども・子育て支援事業計画（同法第61条）に則り整備されることとなった（詳細は第3章参照）。

(2) 要保護児童対策地域協議会を中心とした支援

　支援を必要とする家庭では、虐待問題のある家庭に典型的にみられるように、貧困、親自身の養育能力不足、子どもの発達・発育上の問題等、複数の課題を抱えている場合が多い。こうした子育てに関する多様な困難を抱えた家庭を支援する市町村の機関は、経済的な問題については社会福祉事務所、子どもの発達上の問題については保健センター等と、問題の内容によって対応する機関が異なっている。そのため、一つの家庭であっても複雑な課題への支援には、複数の機関が支援にあたる必要がある。しかし、それぞれの機関には、守秘義務が課されており、公的機関同士とはいえ、安易に情報を共有することについては問題があった。また、関係機関の間で支援の方針が異なり、適切な支援が行われない状況も皆無とはいえなかった。こうした弊害を取り除く方法として、2007（平成19）年の児童福祉法改正において、要保護児童対策地域協議会の設置が努力義務化された。要保護児童対策地域協議会とは、児童福祉法第25条の2によれば、次のように定められている。

> **児童福祉法**
> **第25条の2**　地方公共団体は、単独で又は共同して、要保護児童（中略）の適切な保護又は要支援児童若しくは特定妊婦への適切な支援を図るため、関係機関、関係団体及び児童の福祉に関連する職務に従事する者その他の関係者（中略）により構成される要保護児童対策地域協議会（中略）を置くように努めなければならない。

　同法によれば、要保護児童対策地域協議会においては、支援を必要とする家庭についての情報交換を行い、支援方法・支援内容について協議をすることになっている。協議会の運営は、市町村において要保護児童への相談の中心となる部門が「調整機関」と指定され、事務を統括する。また、協議会を一つの組織として位置づけ、その中での情報の共有を認めるとともに、「正当な理由がなく、協議会の職務に関して知り得た秘密を漏らしてはならな

い」（児童福祉法第25条の5）と、守秘義務が課されている。

　要保護児童対策地域協議会が適正に運営されることにより、支援の必要な家庭が早期に発見され、適切な支援が速やかに行われるようになる。

3．保育所等における要保護・要支援家庭への支援

(1) 保育所等における要保護・要支援家庭への支援の必要性

　2012（平成24）年度以降、虐待を受けた子どもの年齢構成の推移を表7-3に示す。これによれば、過去5年間において件数自体は増加しているものの、年齢別の構成においては大きな差は認められない。2016（平成28）年度、虐待を受けた子どもは小学生が最も多いが、0歳～学齢前の子どもでは5万5,271人（45.1%）となり、乳幼児期の子どもたちが半数近くを占めていることがわかる。このことからも、保育所・幼稚園・認定こども園等（以下「保育所等」）は虐待への対応においても重要な役割を担う必要がある。

(2) 保育所等の特性を生かした、不適切な子育てに至らないための支援

　インターネットの普及により、玉石混淆（ぎょくせきこんこう）の子育て情報が飛び交う時代である。子育て中の親は、これらの情報に支えられるだけではなく、逆に振り回され、不安や悩みを増幅させてしまう場合も少なからずある。また、「子どもは甘やかしてはいけない」「言ってわからない場合には体で知らせる」「自分も幼いころよく叩かれて育てられた」等、極端な場合には虐待につながってしまう育児観を根底にもち、子どもを養育する保護者も少なからずいる。このような保護者に対して、悩みを受け止めつつ、育児の状況を整理し、「子どもの人権」を基軸においた子育ての考え方や技術について、さまざまな機会を活用して積極的に伝達を行うことが重要である。

　2017（平成29）年に告示された保育所保育指針においては、第4章に子育て支援が大きく取り上げられ、保育所の特性を生かした支援を積極的に行う

表7-3　虐待を受けた子どもの年齢構成の推移

年度	0歳～3歳未満	3歳～学齢前児童	小学生	中学生	高校生・その他	総数
2012年度	12,503 (18.7%)	16,505 (24.7%)	23,488 (35.2%)	9,404 (14.1%)	4,801 (7.2%)	66,701 (100%)
2013年度	13,917 (18.9%)	17,476 (23.7%)	26,049 (35.2%)	10,649 (14.4%)	5,711 (7.7%)	73,802 (100%)
2014年度	17,479 (19.7%)	21,186 (23.8%)	30,721 (34.5%)	12,510 (14.1%)	7,035 (7.9%)	88,931 (100%)
2015年度	20,324 (19.7%)	23,735 (23.0%)	35,860 (34.7%)	14,807 (14.3%)	8,560 (8.3%)	103,286 (100%)
2016年度	23,939 (19.5%)	31,332 (25.6%)	41,719 (34.0%)	17,409 (14.2%)	8,176 (6.7%)	122,576 (100%)

資料　厚生労働省「平成30年度福祉行政報告例の概況」から一部抜粋

ことが求められている。

　例えば、送迎時の立ち話や連絡帳の記載などの機会を活用し、子育てのことを話題とすることは、毎日の積み重ねにより大きな効果をもつ。また、園だよりに「子どもの気持ちに寄り添う育児」「虐待の防止」「いやいや期の対応」など、子育てに必要な情報を積極的に盛り込んでいくことが必要である。

　保育参観、個別懇談、保護者参加の行事、保護者会の活動なども、保護者の考え方や子育ての現状を理解し、情報提供できる機会となる。そして、子育ての不安や悩みを語り合い、育児情報を整理し共有できる、いわゆる「ママ友づくり」を応援することも保育所等における虐待予防の方法となる。

(3)　養育技術の拙い保護者への支援

　整理や片付けが苦手な大人のことがマスコミで取り上げられることがある。保育現場では、相手の気持ちが理解できず、身勝手な主張や振る舞いをする親への対応に苦慮している。毎日垢じみた服を着た、悪臭が漂う子どもを保育所で見かけることもある。このように、家事を十分にすることができない、子どもの気持ちに寄り添えない、子育て意欲の乏しい、意欲はあっても能力面での支援が必要であるなど、家庭での養育に一歩踏み込んだ積極的な支援が必要な保護者が少なからず存在する。

　保育者として、どのようにすべきかをさまざまな機会を利用して保護者に伝える。しかし、一向に改善が見られず頭を抱えてしまうこともあるだろう。このような場合には、どのように考えればよいのか。

　まず、保育者自身のなかにある「これぐらいのことはやってほしい」という「当たり前の保護者」のイメージを取り払うことが必要である。子どもが風呂に入っていないなら、子どもの体を清潔にし、十分な食事を与えられていないのであれば、食事を与える。本来ならば保護者がやるべきことであっても、今、子どもにとって必要なことを見極め、保育者としての役割を一歩踏み出し、園での生活を「子どもの人権を守る行為」と位置づけて自ら行うことから始めるのである。その上で、保護者と良好な関係作りをし、不十分ではあるが子育てに向かう努力の跡を発見し、育てていくのである。

悪臭の漂う洋服を着て登園するＥ子（3歳女児）のお母さんへの支援

　Ｅ子は、毎日、悪臭の漂う汚れた服を着て登園してきた。園内で使用するタオルなどももってこないために、手を洗ったあとは机や椅子の裏で手をぬぐってしまう状態であった。周りの様子が少しずつ分かるようになった子どもたち

のなかからは「Ｅ子ちゃんくさい」などの声が出るようになった。保育士はＥ子の服や下着を毎日洗濯し、「明日はこの洋服を着せると可愛いですよ」と、にっこり笑いながら母親に渡すことを始めることにした。

　数日後、Ｅ子の通園バックを見ると、くしゃくしゃに丸めたお手拭きタオルと着替え用の下着が入っていた。これを発見した保育士は、連絡帳に「お母さん、タオルを用意していただいてありがとうございました。Ｅ子ちゃん、喜んで何度も手をふいていましたよ」と書き、夕方のお迎えの時に渡した。翌日には、洗濯をしたタオルがカバンの中に入っていた。その日のお迎え時、保育士は、Ｅ子がピカピカのタオルについて目を輝かせて語ってくれたことを母親に報告した。すると、「せっかく先生が服を洗ってくれたから、服で手を拭いて汚してはいけないと思った」と母親も照れながら語った。

　このようなかかわりを続けていくと、間もなく、着替えの下着が母親の手で洗濯されるようになり、いつの間にか園での洋服の洗濯も必要がなくなった。

（4）　虐待の早期発見から虐待通告

　虐待の発見と通告は保育者の義務である。児童虐待防止法には以下のように述べられている。

> **児童虐待防止法**
> （児童虐待の早期発見等）
> **第5条**　学校、児童福祉施設、病院、都道府県警察、婦人相談所、教育委員会、配偶者暴力相談支援センターその他児童の福祉に業務上関係のある団体及び学校の教職員、児童福祉施設の職員、医師、歯科医師、保健師、助産師、看護師、弁護士、警察官、婦人相談員その他児童の福祉に職務上関係のある者は、児童虐待を発見しやすい立場にあることを自覚し、児童虐待の早期発見に努めなければならない。
> （児童虐待に係る通告）
> **第6条**　児童虐待を受けたと思われる児童を発見した者は、速やかに、これを市町村、都道府県の設置する福祉事務所若しくは児童相談所又は児童委員を介して市町村、都道府県の設置する福祉事務所若しくは児童相談所に通告しなければならない。

　法によれば虐待を受けた児童ではなく、虐待を受けたと思われる児童を発見した段階で通告が義務付けられている。つまり、子どもに不自然なけがを発見した場合、「虐待の可能性を疑うけれども、確信がもてないから」という理由で通告しないのは義務違反となるのである。

①　虐待の発見

　それでは、虐待の早期発見はどのようにすればよいのか。表7-4に、虐待に至る恐れのある要因について挙げる。保育者は日ごろから信頼関係を形

表7-4 虐待に至るおそれのある要因

保護者側の リスク要因	・望まない妊娠 ・若年の妊娠 ・子どもへの愛着形成が不十分(妊娠・出産・乳児期の親と子をめぐるアクシデントの存在) ・産後うつ等精神的に不安定 ・性格が攻撃的・衝動的・パーソナリティの障害 ・精神障害、知的霜害、慢性疾患、アルコール依存、薬物依存等 ・保護者の被虐待経験 ・育児に対する不安、育児の知識・技術の不足 ・体罰容認などの暴力への親和性 ・得意な育児観、強迫的な育児、子どもの発達を無視した過度な要求
子どもの側の リスク要因	・乳児期の子ども ・未熟児 ・障害児 ・多胎児 ・保護者にとって育てにくさを持った子ども
その他虐待の リスクが高い と想定される 場合	・経済的に不安定な家庭 ・親族や地域社会から孤立した家庭 ・未婚を含むひとり親家庭 ・内縁者や同居人がいる家庭 ・子連れの再婚家庭 ・転居を繰り返す家庭 ・保護者の不安宛て伊奈就労や転居の繰り返し ・夫婦間不和、配偶者からの暴力等不安定な状況にある家庭
その他虐待の リスクが高い と想定される 場合	・妊娠の届出が遅い、母子健康手帳未交付、妊婦健康診見受診、乳幼児健康診査未受診 ・飛び込み出産、医師や助産師の立ち合いが無い自宅等での分娩 ・きょうだいへの虐待歴 ・関係機関からの支援の拒否

資料　厚生労働省「子ども虐待対応の手引き（平成25年8月改正版）」2013年　p.29（表「虐待に至るおそれのある要因・虐待のリスクとして留意すべき点」）を一部改変

成し、虐待に至らないようにきめ細やかな支援を行うことにより、虐待を未然に防ぐことが必要である。

　それでは、虐待が疑われるような子どものけがなどを発見した場合、どのような対応をすればよいのか。決して一人で抱え込まず、すぐに園長に報告し、園全体として対応を考える必要がある。また、不自然な傷や行動については記録をとり、日付と記録者を入れた文書として残しておく必要がある。

　次に、親への働きかけが必要である。「けがについて触れることは、虐待を疑うことになり、親との信頼関係を損なってしまうのではないか」などと、尋ねることを躊躇してはいけない。このようなときは、「昨晩は大変だったようですね」と素朴に親に尋ね、「子どもに何か不幸な出来事が起き、親も昨晩は子どものけがへの対応で、右往左往したのであろう」との前提に立ち、子どものけがを「素朴に心配している」という構えで尋ねるのがよい。そのときの保護者の反応をよく観察しておく。「子どもが悪いことばかりするの

でつい…」と正直に告白してくれる場合もある。その場合は、いきなり親を
責めてはいけない。正直に打ち明けてくれた勇気を認め、子どもを叩かずに
はいられなかった保護者の心情を受け止める。そのうえで「叩かない子育て」
について、一緒に考えていく道筋を作っていくことが大切である。

　不自然な言い訳などがみられた場合には、それ以上追求してはならない。
保護者の逃げ道を絶ってしまうと、翌日からは登園させなくなってしまうこ
ともあるからである。保護者の不自然なしぐさと言い訳をそのまま記録に残
し、園として虐待通告するか否かの判断をするのがよい。

②　虐待通告

　次に、虐待通告を行うに際しての配慮事項について検討する。

　子どもに、小さいながらも不自然なけがが頻繁に発見される場合、保護者
による虐待が疑われる。週のはじめは翌日も登園する可能性が高いため、園
としてもさほど心配ではない。しかし金曜日になり、子どもが帰宅したあと
で心配になり通告に至る場合がある。こうしたタイミングでの通告は好まし
くない。保護をしなければならない児童相談所の立場からすると、第一に、
自宅の保護者の眼前で子どもを保護する行為は、保護者の激しい抵抗を生じ
させ、暴力事件に直結する可能性が高い。第二に、行政機関の多くが土曜日・
日曜日は閉庁であり、必要な調査が進まない。したがって、虐待への通告の
タイミングは週の前半、さらに午前中に行うのが望ましい。

　児童相談所や市の虐待対応班は、虐待通告があると、48時間以内に子ども
を直接観察することで安否確認を行うことになっている。保育所等からの通
告があった場合、住民基本台帳等により世帯に関する基礎的な調査を行いな
がら、園に出向き、子どもと面談を行う。保護が必要と判断された場合には、
そのまま職権による一時保護所などへの保護となる。一時保護のことを知っ
た保護者の怒りは、まず保護の場所である保育所等に向かうであろう。その
際、保育所等が行った「不審なけがを発見しての通告」は保育所等の義務で
あり「けがが虐待によるものと判断しての職権による子どもの保護」は児童
相談所等の役割であることを、整理しておくことが必要である。そして、極
端な場合には「誰かの通告により、児童相談所の職員が保育所等に突然やっ
てきて、子どもを連れて行ってしまった」という位置に立つ方が望ましいこ
ともある。

　これは、虐待対応において保育所等には、保護者の育児支援にあたるとい
う重要な役割があり、親との対立は避けるべきだからである。

③　一時保護後の保育所等の立場

　子どもが保護されると、その説明と事情聴取のために、児童相談所職員が

保護者と面談をする。その際、保育所等の職員は、保護者の面接場所までの移動を手伝う。面接に際しては、児童相談所側ではなく、保護者の横に座り、保護者を守る立場に位置するのがよい場合が多い。保護者のプライドを守り、子どもに対する保護者の養育行動のうち、好ましい部分を紹介することも効果的である。このように、虐待をした保護者にとって、理解者の立場に立つことが、その後の保護者への支援に大きな効果をもたらすことになる。

(5) 保護・施設入所に至らない見守り対応

　虐待の通告をしたケースのうち、多くは一時保護に至らず、在宅での見守り対応になる。また、一旦は一時保護に至るが、数日後に在宅養育での見守り対応に変更になる場合も多い。そのような場合には、保育所等の果たす役割が非常に重要となる。見守りは、主任児童委員、市町村保健師、保育者等が連携を取りながら、子どもと保護者の子育てを支援していくことになる。

　保育所等においては、昼間、子どもが安全に安心して過ごせることを第一に考える。家庭において愛情に包まれた養育を受けていないため、保育所等において、暴言、他害、多動、萎縮等、困った行動が頻発することがある。その際、困った行動の修正に保育の力点が移ってしまうと、指導のつもりが園内での虐待になってしまう恐れがある。ただし、子どもの困った行動や、けがについて記録に残しておくことは大切である。

　保護者に対しては、保育所等への登園自体を評価し、園内での子どものほほえましい様子を、伝えることを中心にしたかかわりを続けていくのがよい。そうしたなかで、保護者との絆を強固なものにすると、子育てのあり方についての真摯な話し合いができるようになる。

(6) 施設への入所後の家族の再統合に向けた支援

　子どもが施設に入所すると、保育所等と保護者との関係は一時的に中断する。しかし、通告から一時保護に至る過程で、保護者との間に良好な関係が形成されていると、子どもが保育所等に登園していない時期であっても、保護者への支援が可能となる。ときどき保護者と面談を行い、虐待者としての烙印に傷ついた保護者のプライドを癒し、子どもがいない解放感と、寂しさを受け止め、施設における親子面会の様子を聞き、子どもの成長する姿を共に喜びあう。このような支援が子どもの施設入所中にできていると、施設への入所期間を短縮化することができ、親子の再統合プログラムの効果も高い。なお、子どもが家庭に戻ってからは見守り対応に準じた支援を行うことになる。

2　外国にルーツをもつ家庭への支援

1．外国にルーツをもつ家庭の実態

(1)　地域別在留外国人

　日本も国際化が進み、コンビニやファーストフード店で、たどたどしい日本語を使用して対応する外国人の姿を見ることが珍しいことではなくなってきた。保育所等においても、外国籍の子どもが日本の子どもたちに交じって楽しそうに遊んでいる姿を見かけることが多くなってきた。

　法務省在留外国人統計によれば、2019（令和元）年12月現在、日本には293万3,137人の外国人がいる。5年前と比較すると、総数において約38%増加している。地域別人数をみると（表7−5）、アジア出身者が最も多く、南米、ヨーロッパと続いている。なお、国別では中国が81万3,675人と最も多く、韓国（44万6,364人）、フィリピン（28万2,798人）、ブラジル人（21万1,677人）がそれに次いでいる。

(2)　年齢別在留外国人

　次に、2019（令和元）年12月現在の外国人乳幼児[*1]の年齢別人数をみてみると（表7−6）、いずれの年齢においても1万8,000人前後の子どもたちが

＊1　乳幼児
　ここでは、保育所等に入所（入園）する可能性のある0〜7歳（インターナショナルスクールが7歳の秋から始まること、日本語習得問題による1年間就学猶予などの影響による）を指す。

表7−5　地域別在留外国人の数

（単位：人）

	アジア	ヨーロッパ	アフリカ	北米	南米	オセアニア	無国籍	総数
2014年	1,731,896	62,752	12,340	64,486	236,724	13,035	598	2,121,831
2019年	2,461,731	84,142	17,923	76,132	276,097	16,475	646	2,933,137

資料　総務省統計局「在留外国人統計」

表7−6　年齢別在留外国人の数

（単位：人）

年齢	0歳	1歳	2歳	3歳	4歳	5歳	6歳	7歳
男子	16,922	18,847	19,229	20,085	17,827	19,307	17,387	18,145
女子	8,686	9,820	9,860	10,295	9,128	9,978	8,950	9,390
総数	8,236	9,027	9,369	9,790	8,699	9,329	8,437	8,755

資料　表7−5に同じ

日本で生活していることがわかる。

　また、外国にルーツをもつ親には、さまざまな人々がいる。国籍の違いもさることながら、職業をみても、高度の専門的技術をもったエリートとして一流企業に勤務する父母の家庭がある一方で、派遣請負労働者として不安定で劣悪な労働条件のもとで懸命に生活を営んでいる家庭もある。

２．保育所等における外国にルーツをもつ家庭への支援

(1)　支援の必要性と留意点

　外国にルーツをもつ家庭への支援においては、言語面での配慮や宗教・文化の違いなどに配慮する必要がある。

　また、「国籍」や「在留資格」の種類や期限についてなど、法的にも注意を払わなければならない。在留期限が迫っている場合には入国管理局に相談し、期限の延長手続きをとる必要がある。厳密には在留資格のない場合でも、子どもがいる場合には「在留特別資格」として在留が認められる場合もある。在留資格がない人の場合にも、基本的な人権は認められており、人道的な配慮から公的な支援も当面の間は受けることができる場合もあり、それぞれの家庭の状況を調査した慎重な対応をすることになる。

　以下、保育所等において遭遇する課題を具体的に挙げ、検討していく。

(2)　親子の保育所等への適応の支援

①　子ども同士の仲間づくり

　外国から日本に移住してきた場合、子どもはこれまで自分が育った社会とはまったく異なる文化のなかで生活することになる。まったく知らない言葉を話す人々のなかに、たった一人で投げ出され、新しい生活の習慣を獲得していかなければならない。そのため、保育所等の環境に慣れ、安心して生活していくことができるように、特別な配慮をしなければならない。

　まず、入所した当初は、生活全般にわたる個別の支援が必要である。保育者は子どもの安全基地となるように、信頼関係の形成に努めながら、生活上の細々とした支援にあたる。子ども同士のコミュニケーションにおいては、言語の意味のもつ比重が大人ほど高くないために、表情やしぐさを介して意思の疎通が可能となる。子どもは高い柔軟性と適応力をもっているため、比較的容易に他の子どもたちに交じり、周りの子どもたちの助けを得て、通常２か月ほどの時間があれば、保育所等での生活を楽しむことができるようになる場合が多い。

　ところが、半年以上を経過しても集団での行動ができない場合がある。この場合には、言語が異なり、習慣が異なることに起因する問題と考えるだけではなく、発達の問題や家庭における養育姿勢の問題等についても検討をすることが必要となる。

②　保護者同士の関係の形成

　子ども同士の関係形成とともに、保護者と他の通園児の保護者との良好な関係を形成するための配慮が重要である。多くの日本人にとって、肌の色、話す言葉が異なる外国籍の大人を、親しい仲間として認めていくまでには、大きな壁がある場合が多い。したがって、園だより、行事、送迎時などの機会を積極的に利用して、仲間づくりを意図的に行わなければならない。

　保護者同士に親しい関係が形成されていれば、保育所等での生活に必要となる日々の細々とした情報交換の手助けも、保護者同士で自然に行われる。また、子ども同士のトラブルなどに対しても、信頼関係がベースにあれば、保護者同士のトラブルにまで発展せずに終結する。ところが、保護者同士の仲間づくりに失敗すると、些細なトラブルが親子を孤立させ、園全体の問題にまで、発展してしまうことがあるので注意が必要である。

(3)　言語によるコミュニケーションの困難さから派生する課題

　保育所等においては、保護者との緊密な連携のもとで子育てが行われるため、保護者との細やかな意思疎通は非常に重要である。ところが、日本語による複雑なコミュニケーションが困難であるために、さまざまな課題が生ずることになる。

①　日本語教育をどの程度まで実施するか

　乳幼児期は言語を獲得する時期である。日本語をマスターするためには、保育所等だけではなく、家庭においても日本語の使用が望ましい。しかし、それをどこまで求めるかは個々に考えなければならない。家族の日本語の理解・表現能力の程度により、日本語の使用には限界がある。また、保護者自身が日本語に堪能であっても、数年後に母国に帰る可能性がある場合、母国語を忘れないことも重要な要素であり、保育所等では日本語を、家庭では母国語を使用する生活も積極的な意味をもつ場合がある。したがって、言葉の指導に関しては、将来の家庭設計を見据えた保護者との話し合いが必要となる。

②　重要な要件の伝達

　日常生活の簡単なあいさつや、表面的な情報の伝達はある程度の工夫と努力でカバーすることができる。日本語の理解が不十分な場合でも、実物や図

を活用し、身振りや表情により表現をすれば、簡単なやり取りは間もなく可能となる。

　しかし、宗教や信念が根底にあるうえでの育児の方針、日本特有の文化の受容、子どもの発達上の問題などについての話し合いは、言語理解能力の限界から至難の業である。また、保護者によっては、保育者からの問いかけに対して「わからない」と回答することに抵抗を示す場合がある。理解できた単語がいくつかあれば「わかった。大丈夫」などと返事をするものの、要点は伝わっておらず、養育行動には反映されない場合もある。

③　しつけか虐待か

　たとえば、日本においては、子どもの人権を守る視点から、保護者の言いつけに従わない場合に、食事を与えなかったり、体罰をしたりすることは禁じられている。しかし国によっては、しつけのための当然の方法としてそれらが認められている場合もある。

　また、日本においては保育所等への送迎は大人が行う。しかし、「姉が弟の面倒をみるのはよいことである」という考え方から、小学校低学年の兄や姉が子どもの送迎のために来園し、対応に困惑してしまう場合もある。

小学生による妹の送迎

　Bさんはブラジル国籍の女性であり、小学校2年の姉と、4歳の妹の3人暮らしである。日本語は片言程度であったが、明るい性格から誰とでも、すぐ親しくなり、日常生活ではさほど、言葉の不自由はないように思われた。最近、近くのコンビニエンスストアでアルバイトをすることになり、4歳の娘は保育所に通うことになった。入園にあたり、日本では保育所への送迎は保護者がやることを伝えていた。母親は「わかった。大丈夫ね」とにっこり笑って家に帰っていった。入園2日目の夕方、何人ものお母さん方に交じって、ランドセルを背負った小学生が、妹のお迎えにやってきたのである。

　この事例においては、Bさんをネグレクトとして理解してはいけない。Bさんは、姉が妹を送迎することは当然のことと考えており、入所時点での保育所の説明を正確に理解できていなかっただけなのである。

④　発達の歪みや遅れへの対応

　子どもに発達の遅れや、歪みの可能性が疑われる場合がある。この場合に、子どもにとって必要な療育をし、教育機関を選択するために、医療機関への受診や教育相談への勧奨が必要となる。しかし、このような場合でも保護者

は、保育所等での集団生活の逸脱を子ども自身の日本語理解力の問題と受け止め、発達の問題とは考えていないケースが多い。したがって、熟練の通訳を介した入念な話し合いが必要である。

⑤　福祉制度を活用するための積極的な働きかけ

外国籍家庭には劣悪な就労関係などから、必ずしも生活が豊かとはいえない家庭も多い。このような場合には、福祉制度の積極的な活用が望まれる。しかし、日本における福祉制度の多くは申請主義の原則がとられているため、制度を利用するためには、行政用語で記された説明書類を理解し、申請書類を作成しなければならない。保護者によっては、日本語の理解力不足から、制度の存在自体を知らない場合も多い。そのため、福祉の制度について説明し、その利用手続きの支援を、通常の家庭以上に入念に行う必要がある。

このように、外国籍の家庭への支援においては、コミュニケーションの困難さを背景にし、生活基盤が弱いこと、文化や風習が違うこと等から、多義にわたる問題が生ずる。そのため、両国の言葉に堪能な通訳の支援を得ながらも、世帯の抱える課題をきめ細かく理解した、個別の支援が必要となる。

3　障害児のいる家庭への支援

1．早期発見・早期療育

(1)　障害児の早期発見

重度の身体障害やダウン症など、出産前後に明らかにされる障害がある。これらの障害については、医療機関で確定診断が行われ、医師による手術・投薬、理学療法士・作業療法士・言語聴覚士等のコメディカルスタッフによるリハビリテーションが行われる。保護者は医療の専門家による助言や指導を受けながら、必要な時期になると保育所等に通うことになる。

これに対して、障害の有無が出産前後に判明せず、ある程度の年齢になって適応上の問題が顕在化する軽度の知的障害や発達障害については、どのように発見され、支援が行われているのであろうか。

母子保健法第12条によれば、市町村は1歳6か月〜2歳（1歳半健診）、および3〜4歳（3歳児健診）の時期に健康診査を行うものとされている。保健師を中心としたスタッフが、子どもの発達面のチェックと親への支援にあたっている。

1歳半健診において、保護者の育児上の心配としてあがる代表的なものが、言語発達の遅れである。言語の遅れの原因としては、聴覚障害、発達障害、不適切な養育などが考えられる。健診のなかで言語の遅れが認められた場合には、精密検査が行われ、検査所見に基づいた育児上の助言が行われる。また、2歳前後に手紙や電話によるフォローアップが行われることが多く、問題が解消していない場合には、保健センター等が主催する育児教室への参加が勧奨される。育児教室においては、子どもの発達状態の観察、親子ふれあい遊びの指導、保護者の育児不安の解消などを目的としたプログラムが組まれている。なお、発達の遅れ等の原因が保護者の養育姿勢に起因する要素が大きく、保護者自身に改善の意欲が認められる場合には、教室に参加をするなかで、問題は解消していくことが多い。しかし、遅れの原因として、子どもの側の要因が大きい場合には、容易に問題は解消しない。こうした場合に、児童発達支援センター等への通所による支援が行われることになる。

(2)　障害児の早期療育

　児童発達支援センター（児童発達支援事業所）は、児童福祉法第43条に定められた施設であり、発達上の課題を抱えた子どもと保護者が継続的に通所し、支援を受ける場所である。言語訓練、作業療法等とともに、たとえば親子の自由遊び、集団での親子のふれあい遊び、食事指導、親子分離での保育などの活動が組まれている。

　この時期、親は「もっと子どもの相手をして遊ばなければいけないと思うが、一緒に遊ぼうとすると子どもが逃げてしまう」「身辺処理の技術を教えたいが、子どもにやる気がなく、嫌がってしまう」等、効果的なしつけの方法が見出せずに苦慮している。しつけがうまく進まないことに対して焦り、自分を責め、子どもに対して憎しみを抱くことさえある。

　児童発達支援センターの保育者は保護者の気持ちを理解し、受け入れるとともに、適切なしつけの方法について、手本を示し、保護者を激励しながら、実際にやってもらい、うまくかかわることができた部分を褒めるという作業を繰り返していく。

　近年、子どもの育ちを支える育児の技術として、ペアレント・トレーニングの技法が推奨されるようになった[2]。これは、応用行動分析の考え方をベースにおき、子どもの望ましい行動を発見し、認めていくことを基本とした、育児の方法である。今後は、このような育児技術を、系統的に指導するための具体的なプログラムの開発・普及がさらに進むことが期待される。

　また、児童発達支援センターでは、保護者同士の仲間づくりを重視した取

り組みも積極的に行われている。同じ悩みをもった者同士として、正直な気持ちを語り合い、お互いに支え合いながら通園施設での生活を送るのである。

　こうした支え合いのなかで、医療機関への受診や、療育手帳の取得を決意し、障害児を適切に養育できる親に育っていくのである。

２．保育所等における家庭支援

(1)　加配保育士による支援

　障害のある子どもが保育所等に入園すると、通常の担任に加えて加配の保育士を配置することができる。保育所等への入園以前に児童発達支援センター等における療育を経験している場合は、保護者も加配保育士の適用を希望し、きめ細かな支援が可能となる。一方、保護者が子どもに発達上の問題があることを、認めようとしない場合には「子どもを特別扱いしたくない」という気持ちが強く、通常の人的配置のなかで、保育を行っていくことになり、保育者の負担や心労は甚大なものとなってしまう。

(2)　子どもの成長を保護者とともに共感し、支える支援
①　送迎時の対応

　障害のある子どもが保育所等に入所した場合、保護者の気持ちはどのようなものであろうか。

　「健常児のなかに入って、うまくやっていけるだろうか」「他の子に迷惑をかけているのではないだろうか」「他の子にいじめられるのではないだろうか」「先生に迷惑をかけているのではないか」「先生に嫌われ、通園を断られるのではないか」「健常児の親からどのように思われるであろうか」。保護者の不安や心配を挙げれば枚挙にいとまはない。

　保育者は保護者の内に秘めた思いを察し、時折、表に顔を出すさまざまな思いを大切に受け止めながら日々の保育を行い、保護者への支援を行わなければならない。

　朝、保護者が子どもを送ってきたときに、明るい声で親子にあいさつをすることから支援は始まる。たとえば、通常の登園時間から遅れて登園してきた場合には、朝、何らかのトラブルがあった可能性を頭の片隅に置く。時間通り起きない、支度をしない、朝食を食べないなど、日課が予定通り進まない要素は至るところに存在する。「朝から大変だったようですね。よく連れてきてくださいました。責任をもってお預かりします」という気持ちを込めて「行ってらっしゃい」と、明るく声をかけることが大切である。

② 子どもの保育所等での様子を伝える

保育所保育指針にもあるように、保護者支援の第一歩は、子どもの成長の喜びを保護者とともに共有することである。子どもの楽しく活動する姿、頑張った姿、新たにできるようになった事柄などを、保育者の感動を交えて、保護者に伝えることが、保護者の子どもに対する愛おしい気持ちを育て、子育ての喜びや自信に直結するのである。

逆に、子どものできなかったことや、トラブルが生じたときの、保護者への伝達には配慮が必要である。ある保育者が、子どもが排泄に失敗したことについて「今日もお土産もって帰ってね」とユーモアを交えて何気なく伝えたことに対して、保護者が「園をやめさせられるかもしれない」と深刻にとらえてしまった例がある。保育者は子どもの困った行動を伝達する際には、前向きな見通しや支援の方針とともに保護者に伝えることが肝要である。

このような、細やかな配慮に裏づけられた日々の親との交流のなかで、保護者と保育者との信頼関係が形成され、子どもの健全な育ちが促される。

(3) 保護者との信頼関係の形成

子どもの障害について保護者の理解が乏しい場合、保育者は子どもの姿をどのように保護者に伝えればよいか迷う。特に、言語や運動発達は良好だが、集団適応に大きな問題を抱える発達障害児が、年長児になった場合に、このことは深刻な問題となる。家庭においては、生活の流れはパターン化されており、保護者を困らせるようなトラブルは起こさない。子育てには直接困っていないため、通常学級に進学させればよいと保護者は考えている。しかし、保育所等での集団活動場面の様子からは、通常学級での教育には無理があり、特別支援学級への進学が望ましいと、保育者には思われるような場合がある。正直に話せば、保護者との信頼関係を壊してしまう。しかし、何も伝えないで卒園させてしまってはいけないと思う。このような状況はどのように考えればよいのだろうか。

表7－7は、筆者が保育所等における保護者支援について、コンサルテーション*2を行うときに、関係性の深まりを評価するために用いている指標である。まず、保護者との信頼関係について、4つの段階を想定する。「マイナス」は敵対関係である。保護者との関係がこじれ、お互いに避け合っているときや、保護者からの苦情に保育者が頭を抱えているときの状態である。

「プラス1」は業務上の友好関係である。通常の保護者と保育者との関係である。にっこりとあいさつを交わし、保育に必要な情報を友好的に伝え合う関係である。コンビニエンスストアの店員と客との関係もこれに近いと考

＊2 コンサルテーション

障害児等への対応に苦慮する保育者（コンサルティー）と、障害児心理の専門家（コンサルタント）がお互いの専門性を尊重しながら話し合いを行い、障害児等への適切な対応を見出そうとする試みである。話し合いのなかで、コンサルタントは障害の特性や対象児の発達の特徴等についての情報を提供する役割を担う。保育者はそれを参考にしながら、適切な保育のあり方等を工夫し具体化させていく。

表7-7　保護者と保育者との信頼関係の深まり

	関係の質	交わされる会話の内容
マイナス	敵対関係	保護者との関係が敵対的
プラス1	事務的な親しさ	通常の保育者と保護者との関係。親しげにあいさつを交わし、情報の共有ができるが、個人的な話はあまりしない。
プラス2	個人的な話の共有	休日の家庭の様子、子育ての悩みなど個人的な話ができる。しかし、関係を崩してしまいかねないほどの深刻な話は避ける。
プラス3	深刻な話の共有	深刻な悩みを打ち明けることができる関係。耳に痛い内容も伝えることができる。

資料　筆者作成

えてもよい。

　「プラス2」は個人的な様子を語ることができる関係である。子育てや配偶者に対する軽い愚痴などをこぼすこともこの段階ではみられるようになる。しかし、深刻な悩みやお互いの関係を崩しかねない耳に痛い話題は避ける。通常の「ママ友」の関係もこの段階に近いと考えてよい。

　「プラス3」は深刻な悩みを打ち明けることができる関係である。障害の受容にまつわる気持ちの揺れや、「子どもとともに死んでしまいたい」などという子育ての苦しみなど、忌憚なく語り合える関係である。親友との間ではこのような関係が形成される。

　このように関係の深まりを整理すると、冒頭で述べた保育者の伝えたい内容は「プラス3」の関係を形成することにより、ようやく可能となることがわかる。したがって、障害の程度が軽く、子どもの発達が比較的良好であり、保護者の側に障害に関する自覚が乏しい場合には、入園当初の「プラス1」の関係から、毎日の積み重ねにより年長児の夏ごろまでに「プラス3」の関係にまで、意図的に深めていく努力をしていくことが必要なのである。

3．障害の受容と子どもの理解

　保護者の障害受容については、いくつかの研究が行われている。中田洋二郎は、障害受容に関する研究を概観し、3種類の考え方に整理している[3]。

①　段階説

　ドローター（Drotar, D.）らは先天性奇形をもつ子どもの研究から、親の反応を「ショック」「否認」「悲しみと怒り」「適応」「再起」の5段階に分類、

親のなかで占めるそれらの比重が、時間経過とともに変化していくと考えた。

② 慢性的悲哀説

オルシャンスキー（Olshansky, S.）らによれば、障害児の大多数の親は、慢性的な悲哀に苦しんでおり、むしろそれが当然の状態である。悲哀から早く抜け出してもらおうと専門家が励ますことが、逆に親自身が現実を受け入れる妨げとなっているという説である。

③ 螺旋形モデル

中田は「親の内面には障害を肯定する気持ちと障害を否定する気持ちの両方の感情が常に存在し、それが表と裏の関係にある。そのため、表面的には二つの感情が交互に現れ、いわば落胆と適応の時期を繰り返すように見える」[4]と考えた。

このように、保護者の障害受容のプロセスについては、さまざまな説が唱えられているが、保護者が子どもの障害を受容することは、決して容易なことではなく、年月をかけ紆余曲折をしながら進んでいくのである。したがって保育者は、「もっと子ども発達状態をよく見てほしい」などと、保護者を軽率に否定せず、子どもを愛する保護者の、その時点での大切な気持ちとして理解し、日々の子育ての支えとなっていくことが大切である。

4．関係機関との連携

幼児期における障害児への支援は、保育所等だけが単独で行っているわけではない。関係機関との連携のもとで、保護者と子どもへの支援を行っていかなければならない。

(1) 縦の連携と横の連携

第1の連携は、いわゆる縦の連携である。たとえば、親子の生活・教育の場は、市町村保健センター等の主催による育児教室への参加、児童発達支援センター等への通所、保育所等への通所、就学と、子どもの成長とともに移り変わっていく。移行は親子にとっては大きな不安材料である。移行前の機関と移行後の機関がきめ細かい情報伝達を行い、親子が安心して次のステップに移ることができるようにしなければならない。

第2の連携は、いわゆる横の連携である。障害のある子どもは、保育所等に通いながら、医療機関や療育機関を併用する場合が多い。保護者が内密に他の機関を利用している場合には、連携は困難であるが、公表している場合には、積極的な連携が望まれる。

(2)　専門機関受診時の配慮

　保護者から「明日は病院受診で保育所を休みます」と連絡があった場合の、保育所等と専門機関との連携について考えてみよう。

　発達専門の医療機関では、診察室における子どもの行動観察と、保護者からの限られた情報をもとに診療が行われる。向精神薬などが投与される場合には、投薬中の昼間の子どもの行動に関する情報、つまり保育者からの情報が、薬の効果や必要な分量を判断するための重要な手がかりとなる。そこで、保育所等での子どもの様子を書いた手紙を「病院の先生に見てもらってください」と、開封した状態で保護者に渡すとよい。封をした状態では、保護者に内容についての不安を喚起することがあるので注意する。また、受診後のできるだけ早い時期に、受診時の状況等について保護者と話してもらえる機会をつくっておくのが望ましい。それでは、以下の事例をみてみよう。

「苦労して受診を勧めたが…」

　A太は運動面の発達は良好だが、集団活動が苦手な年中の男児であり、保育所では対応に苦慮していた。母親は子どもに発達上の問題があることを認めず、健常児として入所してきた。当初は、落ち着きがなく、教室から飛び出して職員室に行ってしまうことが多く、園長や園長補佐がA太の相手をする状態であった。保育所に慣れてからも、勝手なふるまいや部屋からの飛び出しが随所に見られたため、園長が積極的に母親との関係づくりの努力を積み重ねた。こうした甲斐もあり、その年の暮れに、母親も子どもの発達上の問題と向き合う決心をし、年長児クラスに上がる直前に専門機関を受診することとなった。しかし、受診後に母親に様子を聞くと「診断名はつかず、『様子を見なさい。大丈夫』ということでした」と晴れ晴れとした表情で報告した。保育所での様子からは明らかに発達の歪みが認められるため、園長は「1年以上にわたる苦労が無駄になってしまった」と母親と別れたのち、頭を抱えることとなった。

　なぜ、このような状況になったのであろうか。

　医療機関では、子どもの様子から発達障害の存在を認めている。しかし、初診の段階で、保護者に診断名を告知することは、親の動揺を招き、養育行動に悪影響を与えてしまう可能性が高いと判断し、「様子をみよう」との指示になる場合が多い。保護者への精神的なサポートを保育所が担っていることを事前に理解できていれば、医師も思い切って診断の告知をすることができたのである。

そこで、保護者が専門機関を受診する時点で、保育所等での子どもの行動の変化や、保護者の心情、保育所と保護者との関係性などについて記載した手紙を開封の形で保護者に託すことが、病院受診を効果的なものとするために有効なのである。

　このように、保育所等における保護者支援は、関係機関との連携により、集団のなかでの子ども自身の育ちを促すことによる、子育ての伴走者としての営みである。

4　多様な形の家庭への支援

1．ひとり親家庭

(1)　母子家庭・父子家庭の現状

　最初に、母子家庭・父子家庭の現状について把握しておこう。表7−8は「平成28年度　全国ひとり親世帯等調査」の結果である[5]。母子世帯は約123万世帯、父子家庭は19万弱の世帯であり、ひとり親家庭の85%以上が母子家庭であることがわかる。ひとり親世帯になった理由としては、母子世帯・父子世帯共に、離婚が死別と比べて圧倒的に多い。

表7−8　母子家庭・父子家庭の現状

	母子家庭	父子家庭
世帯数（推計値）	123.2万世帯	18.7万世帯
ひとり親世帯になった理由	離婚79.5% 死別8.0%	離婚75.6% 死別19.0%
就業状況	81.8%	85.4%
うち正規職員・従業員	44.2%	68.2%
うち自営業	3.4%	18.2%
うちパート・アルバイト等	43.8%	6.4%
年間平均収入：母または父自身の収入	243万円	420万円
うち就労収入	200万円	398万円
年間平均収入：同居親族を含む世帯全員の収入	348万円	573万円

注　年間平均収入は平成27年の値。生活保護法に基づく給付、児童扶養手当等の社会保障給付　金、就労収入、別れた配偶者からの養育費、親からの仕送り、家賃・地代などを加えた全て　の収入の額である。
資料　厚生労働省「平成28年度　全国ひとり親世帯等調査結果報告（平成28年11月1日現在）」　2017年

　就労収入についてみてみると、父子世帯の平均が398万円に対して、母子世帯は200万円と約半分ほどの収入しか得ていない。日本全体の平均世帯の年収が441万円（国税庁「平成30年分民間給与実態統計調査結果について」2019年）であることを考慮すると、母子家庭においては経済的に苦しい生活を強いられていることがわかる。

　就労家庭の雇用状況については、母親は正規職員44.2％、パート・アルバイト等43.8％である。一方父親の場合は、正規職員68.2％、パート・アルバイト等が6.4％であり、母子家庭の経済的な困窮の要因がみてとれる。

(2)　ひとり親家庭への支援の体系

　ひとり親家庭への支援は、国が「母子及び父子並びに寡婦福祉法」に基づき基本的な方針を定め、都道府県・市・福祉事務所を設置する町村が基本方針に即して自立を支援するための計画を策定し、具体的な支援を行っていく。

　最近の支援施策としては、国が2015（平成27）年に、すくすくサポート・プロジェクト（ひとり親家庭・多子世帯等自立応援プロジェクト）を決定し、支援の方針を定めた。また、2016（同28）年、2018（同30）年に児童扶養手当法を改正し、経済的支援を充実させた。

　ひとり親家庭等の自立支援策としては、表7－9にみられるように、子育て生活支援、就業支援、養育費確保支援、経済的支援の4つの柱を立て、さまざまな施策を具体化している。

(3)　児童扶養手当制度

　ひとり親家庭への経済的な支援のうち、最も大きいものに児童扶養手当制度がある。これは、児童を監護するために母、父、祖父母等に支給される手当であり、児童扶養手当法第1条に「父又は母と生計を同じくしていない児童が育成される家庭の生活の安定と自立の促進に寄与するため、当該児童に

表7－9　ひとり親家庭等の自立支援策の体系

子育て・生活支援	就業支援	養育費確保支援	経済的支援
○母子・父子自立支援員による相談支援 ○ヘルパー派遣、保育所等の優先入所 ○子どもの生活・学習支援事業等による子どもへの支援 ○母子生活支援施設の機能拡充など	○母子・父子自立支援プログラムの策定やハローワーク等との連携による就業支援の推進 ○母子家庭等就業・自立支援センター事業の推進 ○能力開発等のための給付金の支給など	○養育費相談支援センター事業の推進 ○母子家庭等就業・自立支援センター等における養育費相談の推進 ○「養育費の手引き」やリーフレットの配布など	○児童扶養手当の支給 ○母子父子寡婦福祉資金の貸付就職のための技能習得や児童の修学など12種類の福祉資金を貸付など

資料　厚生労働省「平成28年度　全国ひとり親世帯等調査結果報告（平成28年11月1日現在）」2017年

ついて児童扶養手当を支給し、もつて児童の福祉の増進を図ることを目的とする」と定められている。支給額は、年間所得160万以下、児童1人の場合に月額43,160円が支給され、収入によって減額される。

受給状況としては、2019（平成31）年3月末現在、93万9,262人（母88万4,908人、父4万9,000人、その他の養育者4,454人）となっている。

（4）保育所等でのひとり親家庭への支援

ひとり親家庭の子どものなかには、保育所等で乱暴な行為や極端な甘えをみせる場合がある。園を休みがちであったり、登園時間が不規則であったりする場合もある。園児にこのような行動が認められる場合に「親の養育姿勢が原因」と短絡的に考え「子どもの相手をもっとしてください」等と保護者の養育姿勢に関する問題点の指摘を優先してはいけない。

1人で子どもを育てていくことの困難さは、生活の土台となる経済的な面だけではない。幸せな家庭を夢にみて結婚し、子どもに恵まれたとしても、離婚に至る過程では、パートナーとの間の修復不可能な口論・暴力・裏切りなど、心身ともに疲弊しきってしまう経験をしている。子どもを保育所等へ入所させている時期は、パートナーとの間にできた心の傷を乗り越えた上での子育てとは限らず、つらい気持ちや投げやりな気持ちを抱えながら、歯を食いしばって子育てをしている保護者も少なくない。子どもが疎ましくなったり、何もかも投げ出して逃げ出したくなったりすることもないとはいえない。このような場合にこそ、保護者自身の抱える心の傷を察しながら、保護者と子に温かいまなざしを向け続けることが必要である。

2．里親・特別養子縁組

（1）里親制度とは

① 里親の種類

里親制度は児童福祉法第6条の4に定められており、「養育里親」「専門里親」「養子縁組里親」「親族里親」の4つに分類される（表7−10）。

里親になるためには、子どもにとって、当たり前の生活を過ごすことができることを保障するために、①要保護児童の養育に対する理解・熱意と子どもへの愛情をもつ、②経済的な安定（親族里親は除く）、③里親研修の受講、④成年被後見人又は被保佐人、禁錮以上の刑、児童福祉法等福祉関係法律罰金刑、児童虐待等の欠格事由に該当しないなどの要件がある。

表7-10　里親の種類

里親の種類	内　容
養育里親 【児童福祉法第6条の4第1項】	対象児童：要保護児童（保護者のない児童、または保護者に監護させることが不適当であると認められる児童） 要保護児童を養育することを希望し、かつ、厚生労働省が定める要件を満たす者のうち、都道府県知事が要保護児童を委託する者として適当と認め、養育里親名簿に登録されたもの。養子縁組を目的としない、一般的な里親である。
専門里親 【児童福祉法施行規則第1条の36・37】	対象児童：次に挙げる要保護児童のうち、都道府県知事がその養育に関し特に支援が必要と認めたもの。①児童虐待等の行為により心身に有害な影響を受けた児童、②非行等の問題を有する児童、③身体障害、知的障害または精神障害がある児童。上記の要保護児童を養育するものとして養育里親名簿に登録された者。3年以上の里親経験や児童福祉施設での従事経験、かつ専門里親研修の受講等が必要。
養子縁組里親 【児童福祉法第6条の4第2項】	対象児童：要保護児童 要保護児童を養育することおよび養子縁組によって養親となることを希望し、かつ、省令で定めるところにより行う研修を修了した者のうち、養子縁組里親名簿に登録されたもの 養子縁組を前提として、要保護児童を養育する里親
親族里親 【児童福祉法第6条の4第3号、同法施行規則第1条の39】	対象児童：両親その他当該児童を現に監護する者が死亡、行方不明、拘禁、入院等の状態となったことで、これらの者による養育が期待できない要保護児童 上記の要保護児童の扶養義務者およびその配偶者である親族のうち、養育を希望する者

表7-11　里親に支給される手当等

里親手当（月額）	養育里親：90,000円（2人目以降：90,000円）
	専門里親：141,000円（2人目以降：141,000円）
一般生活費（月額）	〈食費、被服費等〉乳児：59,510円、乳児以外：51,610円
その他	幼稚園費、教育費、入進学支度金、就職支度費、大学進学等支度費、医療費、通院費等

資料　厚生労働省ウエブサイト「社会的養育の推進に向けて　令和2年4月」
　　　https://www.mhlw.go.jp/content/000503210.pdf

②　里親手当の支給

　里親に支給される手当として、里親手当等がある。支給されるものは里親手当、一般生活費、その他に分けられている（表7-11）。ただし、親族里親には里親手当は支給されない。

(2)　里親への支援の体系
①　社会的養護における施設養護から家庭養護への転換

　日本における社会的養護はこれまで、施設養護を中心に進められてきた。しかし、「児童の権利に関する条約」の批准により、里親や養子縁組を中心とする家庭養護への方向転換が求められた。これを契機として児童福祉法が

改正され、「新たな社会的養育の在り方に関する検討会」により2017（平成29）年提案された「新しい社会的養育ビジョン」[6]によれば、保護を必要とする乳幼児は、原則的には里親・養子縁組等の家庭養護に移行し、乳児院や児童養護施設は小規模化を推進するとともに、高度な養育の専門性を備え、家庭養護を支援する機能を持つことが求められることとなった。

② 里親養育包括支援（フォスタリング）事業

里親制度を推進し、里親への支援を充実させるために2017（平成29）年度より、里親養育包括支援（フォスタリング）事業が開始された。これは里親のリクルート、アセスメント、里親研修、子どもと里親家庭のマッチング、里親養育への支援に至る一貫した里親支援および、養子縁組に関する相談・支援を総合的に実施する事業である。

里親支援事業実施要綱[7]、には、里親制度等普及促進事業、里親委託推進等事業、里親トレーニング事業、里親訪問等支援事業、共働き家庭里親委託促進偉業の5つの事業が定められている。

この事業の実施主体は、都道府県。市町村であるが、里親会、児童家庭支援センター、児童養護施設、乳児院、NPO法人等に委託して行うこともできる。

③ 里親訪問等支援事業

このうち、里親訪問等支援事業の概要は表7-12のとおりである。里親の抱える子育てに関する悩みや不安に対して、児童福祉、児童心理の専門家が

表7-12　里親訪問等支援事業の概要

	内　容
事業の趣旨	養育に関する悩みを一人で抱え込まず、里親等相互の相談援助、生活援助、交流促進など子どもの養育に関する支援を実施し、里親の負担を軽減する
事業の内容	里親等への訪問支援：里親等家庭を定期的に訪問し、養育状況を把握し、養育に関する適切な指導・助言を行う
	里親等による相互交流：児童相談所の里親担当職員、子ども担当職員、施設の里親支援専門相談員等の協力を得ながら、里親等が主体となり企画し、相互交流を定期的に実施する。
実施体制	里親等相談支援員、心理訪問支援員の配置
担当者の資格	里親等相談支援員：社会福祉士、精神保健福祉士、児童福祉施設における5年以上の養育経験等がある者。
	心理訪問支援員：大学心理学部を卒業し個人及び集団心理療法の技術を有する者等

資料　厚生労働省「里親支援事業の実施について」2017年（「里親支援事業実施要綱」）をもとに筆者作成

家庭訪問、里親同士の相互交流などの技法を用いて多面的に支援を行うことができる。

④　里親支援機関

乳児院、児童養護施設は2012（平成24）年から、里親支援機関として、里親支援専門相談員が配置され、里親支援事業を実施することとなった。里親支援専門相談員は、里親の新規開拓、週末里親の調整、里親研修里親家庭への訪問・電話での相談支援、レスパイトケアの調整、里親サロンの運営、里親会の活動支援、施設入所児童の里親委託後のアフターケアなどの業務を行っている。

⑤　里親会

里親が会員となって相互に支え合う当事者団体として里親会がある。全国里親会のもとに、都道府県・政令指定都市単位で地域の里親会があり、児童相談所等の支援を得ながら、里親同士の交流活動等を行っている。

これまで述べてきたように、児童相談所、乳児院・里親支援機関、里親支援事業関係機関、里親会等が連携を取りながら里親家庭を支援していく仕組みが構築されてきている。

（3）　保育所等における里親への支援

施設で生活していた子どもが里親に委託されるときに最初に遭遇するトラブルが、いわゆる試し行動である。里親委託の前後には、愛らしく、里親の言いつけを守る良い子であった里子が、里親宅での生活に慣れるにつれて、反抗的になったり、それまでできていた身支度ができなくなってしまったりする現象である。また、里親との姓の違い、複数の両親の存在などから、子どもなりの混乱や不信感を抱くこともある。

わが子ではない子どもを、わが子のごとく愛さねばならぬと努力する里親にとって、里子との何気ない気持ちのずれが、思いのほか大きなダメージとなることがある。保育者は、里親にとって最も身近な子育ての相談相手として、里親を支えていくことが求められる。

（4）　養子縁組制度

①　普通養子縁組と特別養子縁組

養子縁組は民法上の制度であり、普通養子縁組と特別養子縁組がある。普通養子縁組については民法792条から817条に規定されている。第二次世界大戦以前は家制度を存続させるために、跡取りの無い家は親類縁者の次男等を養子として迎え、家を継がせるのにも利用された。

特別養子の制度は民法817条の2から817条の11に規定されている制度である。1970年代に、菊田昇医師による「赤ちゃんあっせん事件」が成立のきっかけとなり、戸籍上も実子と同じような親子関係の形成を目指したものである。表7-13によれば、実父母との親族関係は終了し、養父母との離縁は養父母による虐待など養子の生活上きわめて不利益にある場合においてのみ認められる。

② 特別養子縁組の推進

表7-14は2010（平成22）年から2018（同30）年の間における養子縁組成立件数の推移である。表によれば、過去9年間の間に特別養子縁組の数は倍増しているが、件数自体は十分とは言えない。そのため、許可制度による民間の養子あっせん機関を積極的に活用し、児童相談所と連携・協力のもとで特別養子縁組制度を積極的に推進することとなった（養子縁組民間あっせん機関助成事業）。

表7-13 普通養子と特別養子の相違点

	普通養子縁組	特別養子縁組
縁組の成立	養親と養子の同意により成立	養親の請求に対し家庭裁判所の決定により成立 実父母の同意が必要（意思表示できない場合や、虐待など養子となる者の利益を著しく害する場合は不要）
要件	養親：成年 養子：尊属または養親より年長でない	養親：原則25歳以上（夫婦一方が25歳以上であれば、もう一方は20歳以上で可） 　　配偶者がある 養子：原則15歳未満 　　子の利益のために特に必要があるときに成立
実父母との親族関係	親族関係は終了しない	親族関係が終了する
監護期間	設定なし	6か月以上の監護期間を考慮して縁組
離縁	原則、養親および養子の合意により離縁	養子の利益のために必要があるときに、養子、実親、検察官の請求により離縁
戸籍の表記	実親の名前が記載、養子の続柄は「養子（養女）」と記載	実親の名前は記載されず、養子の続柄は「長男（長女）」等と記載

資料　厚生労働省「社会的養育の推進に向けて（令和2年10月）」2020年より抜粋
　　　https://www.mhlw.go.jp/content/000698192.pdf

表7-14 特別養子縁組成立件数

年	2010	2011	2012	2013	2014	2015	2016	2017	2018
件数	325	374	339	474	513	542	495	616	624

資料　厚生労働省「社会的養育の推進に向けて（令和2年10月）」2020年
　　　https://www.mhlw.go.jp/content/000698192.pdf

　2020（令和２）年には民法を改正し、これまで６歳未満としていた対象を
15歳未満に引き上げた。また、養子縁組成立までの６か月の試験養育期間に
おける実親とのトラブルを回避するために、家庭裁判所における特別養子縁
組決定のプロセスを、特別養子適確の確認の審判と特別養子縁組成立の審判
の２段階の手続きを踏むこととなった。養親候補者は第１段階の特別養子適
確の確認の審判の後、６か月の試験養育期間を養子縁組里親として、実親か
らの子どもの引き取り要請などに悩むことなく、児童相談所等の支援を得な
がら、子どもを養育することができるようになった。

　特別養子縁組の制度は、実親が子どもを育てることができない場合の、永
続的な解決（パーマネンシー保障）であり、国・地方公共団体・民間団体が
協力し、積極的に推進していくことが求められている。

〈引用文献〉

1）厚生労働省「平成30年度　福祉行政報告例の概況」

2）上林靖子監　北道子他編『こうすればうまくいく　発達障害のペアレント・トレー
　ニング実践マニュアル』中央法規出版　2009年

3）中田洋二郎「親の障害の認識と受容に関する考察─受容の段階説と慢性的悲哀─」
　早稲田大学文学部心理学会『早稲田心理学年報』第27号　1995年

4）同上書

5）厚生労働省「平成28年度全国ひとり親世帯等調査結果報告（平成28年11月１日現
　在)」2017年

6）新たな社会的養育の在り方に関する検討会「新しい社会的養育ビジョン」2017年
　https：//www.mhlw.go.jp/file/05-Shingikai-11901000-Koyoukintoujidoukateikyoku-
　Soumuka/0000173888.pdf

7）厚生労働省「里親支援事業の実施について」2017年
　https：//www.mhlw.go.jp/file/06-Seisakujouhou-11900000-Koyoukintoujidoukateikyo
　ku/0000167407.pdf

コラム　詳細な子ども理解と対応力の強化から始まる保護者支援力の向上

　まだ暑さの残る９月の夕方、市民センターの小会議室に、通常業務を片づけた障害児を担当する保育者が、市内の各保育所から慌ただしく集まってきた。今日は、自主的に実施している障害児事例検討型研修会である。

　今回のテーマは「友達とのトラブルが絶えないASDの診断を受けたK君への対応をどのようにすればよいか」というものである。保育所で乱暴な振る舞いをするK君に対して、保育所に通う他児の親から苦情が出され、保護者同士の関係も険悪なものとなった。そこで、拗れてしまった保護者同士の関係に直接働きかけをするのではなく、子どもたちが気持ちよく昼間のひとときを過ごすことができる保育のあり方を検討することにより、保護者同士の関係の改善をめざしたいとの気持ちからの事例提供であった。

　コアラ組（年中クラス）のK君は、愛くるしい目をした小太りで大柄な男児である。生活習慣は身につき、身のこなしが俊敏、ブロック遊びが大好きで飛行機や自動車を精巧に作るので、友だちから一目置かれているが、集団活動は苦手である。朝の会などでは一方的に発言し、先生の話をしばしば止めてしまう。気が向かないと行事に参加せず、無理に誘いかけると乱暴な言葉を発し、気持ちがさらに昂ると暴力的な行動に出てしまうこともある。

　ある午後の自由遊びの時間、K君は友だちのS君やT君とブロックで遊んでいた。S君の泣き声に気づき保育者がそばへ行くと、K君は壁を足で蹴って怒っており、部屋の床にはブロックが散乱していた。後になってから、３人から事情を聴くと、K君はトラックを作っていたが、部品となるブロックが足りなかったようで、隣で遊んでいたS君が作ったまま床に並べてあった飛行機を勝手に壊し始めたという。S君が「やめて」と言うと、K君は飛行機を強引に奪い「へたくそ」と言って床に投げつけ、S君が泣き出したということであった。

　さて、このような状況で、保育者はどのような対応をすればよいだろうか。検討会に参加をした保育者の一致した方針は、「保育者が仲立ちとなって、玩具の貸し借りのルールに気づかせていく」「お互いの気持ちを聞き、どうすればよいかを考えてもらう」というものであったが、具体的な対応については以下のような多様な意見が出た。

　　A「K君のそばに行き、壁を蹴ったり、ブロックを投げたりしてはいけないことを伝える」
　　B「K君のそばに行き、K君を抱きかかえるように止め、何がほしかったのかを聴く」
　　C「泣いているS君のそばに行き、K君にどうされたのかを聴く」
　　D「その時は冷静であったT君から事情を聴く」
　　E「まず、K君に謝罪させる」
　　F「S君の気持ちを聴いて、K君に壊されたことが悲しいと伝える」
　　G「K君から気持ちを聴き、床にあったブロックを使ってもよいと思っていたことをS君に伝える」
　まだまだ対応例は続く。あなたはどのように考えるだろうか？

第**8**章

◆ ◆ ◆　保育所と専門機関との連携　◆ ◆ ◆

キーポイント

　近年増加する児童虐待への対応を強化するため、2004（平成16）年、児童福祉法改正において、市町村の役割が強化され、関係機関との連携が奨励された。市町村では、複数の機関がネットワークを組んで、共に力を合わせて取り組む連携の拠点として「要保護児童対策地域協議会」が設置されることになった。
　本章では、保育所から発信された3つの困難事例が、「要保護児童対策地域協議会」のもと、他機関とどのように連携をとり、どのような支援につながり、家庭全体と子どもの成長をサポートしたのか学んでいく。自分ならどのような支援を行い、そのために協力を得る専門機関はどこなのか、どのように連携するのか、考えながら学んでほしい。

1　社会福祉の専門機関との連携

　現代社会の保育所の役割は、保育所における子どもの育成だけにかかわるのではなく、必要に応じて家庭への支援を行うことが求められている。しかし、多様な問題を抱え、そのことが子どもの成長に影響を及ぼしている場合は、保育所の支援だけでは限界がある。そこで、市町村や関係機関との連携を行うことで、ひとつの組織では、支援できないことを相互に補い協力しあい、多角的な支援を実現させていく（図8－1参照）。

　多角的支援を実現するための組織が、市町村に設置されている「要保護児童地域対策協議会」である。この協議会の構成機関*1は年に1〜2回、各機関の代表による代表者会議、各機関の課長級による隔月ごと（市町村により異なる）の実務者会議をもち、定期的な連携を図っている。そして、個別のケース検討会議については、必要に応じて行われている。

　個別ケース検討会議では、調整担当である「子育て支援課」が、子どもとその家族にかかわる機関を招集し、それぞれのかかわりの経過や支援につい

*1
　市町村子ども家庭福祉担当部署、同母子福祉担当部署、同保育担当部署、同教育委員会、警察署、消防署、保育所長会、幼稚園園長会、小学校長会、中学校校長会、医師会、歯科医師会、地域の拠点病院、民生・児童委員協議会、地域の児童養護施設・乳児院・児童家庭支援センター、児童相談所などである。

図8-1 市町村・児童相談所における相談援助活動系統図

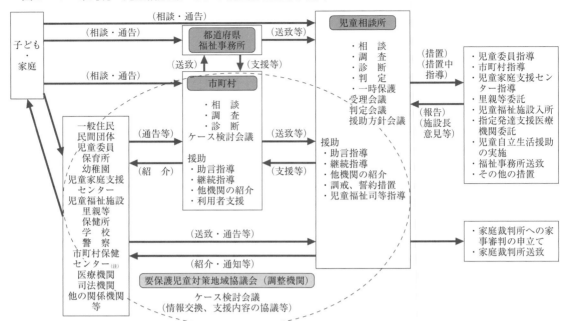

注 市町村保健センターについては、市町村の児童家庭相談の窓口として、一般住民等からの通告等を受け、相談援助業務を実施する場合も想定される。
出典 厚生労働省雇用均等・児童家庭局通知「児童相談所運営指針について」

ての情報を共有することから始まる。多くの情報を得ることで、そのケースの状態を把握し、適切な支援を検討することができる。そして、必要な支援について、それぞれの機関ができることを明確にしたうえで、役割分担を行う。個人の情報を伝えることは、児童福祉法、児童虐待防止法において、要保護児童の適切な保護を図るため、必要なことと明記されており、併せて、この職務に関して知り得たことは守秘義務が課され、破った場合の罰則規定も設けられている。

本節では、保育所での養育支援・家庭支援が「要保護児童地域対策協議会」を通し、どのように多角的な支援につながっていくのか、学んでいく。

(1) 事例①

救急要請をする5歳児

【プロフィール】

Y平（5歳）…保育所に入所中

T美（30歳）…Y平の母親。軽度の知的障害・うつ病による精神障害、福祉作

154

　　　　　　　　業所に通所

祖母（65歳）…無職・糖尿病

祖父（70歳）…無職・認知症傾向

【ケース概要】

　Y平は保育所に通う５歳児である。Y平は、精神障害と軽度の知的障害のある母親のT美、糖尿病で視力が悪い祖母、認知症傾向の祖父の４人で暮らしている。T美はY平が２歳の時に、父のDVが原因で離婚した。離婚後はY平を連れて実家に戻り、精神科のデイケアと福祉作業所に通っている。祖母は定年を迎えて家におり、家事などを一人でこなしている。糖尿病の持病があるが、通院はあまりできていない。連絡の行き違いなどが起きると、保育所に対し「ちゃんとうちの娘にわかるように話してくれたんですか？」と怒鳴りこんでくることが多く、さらに祖母自身、説明を理解できない面が見受けられた。祖父は、建設作業員だったが、認知症傾向があり、徘徊して、迷子になることもある。この一家は、生活保護を受給している。

　保育所では、T美の障害についてある程度把握していたため、連絡事などは、なるべくゆっくり会話をしながら伝えるようにしていたが、理解したようで、実はそうでないことも多く、対応に苦慮していた。たとえば、育ち盛りのY平の服は、サイズが合わないものが多く、袖が短くなり、シャツはおなかが見えるようになっていた。保育士はT美に、「Y平君が大きくなってきて、服が合わなくなっていますよ。大きめのものを買ってあげてくださいね」と、何度も伝えるが、そのたびに「わかりました」と元気に返事をするものの、状況は変わらなかった。

　また、Y平が給食をがっつくようになり、何度もおかわりをするので、「Y平君、おうちではたくさん食べている？」と保育士が聞くと「お母さんは、家では何もつくらない。おばあちゃんが買い物に行けたら、食べるものはある」と言う。祖母の作る量では足りない様子であった。

　Y平の養育支援のためには、T美と祖母に向けた支援が必要だが、保育所では担えない部分であり、市・子育て支援課に連絡を入れた。子育て支援課では、Y平の家族にかかわる関係機関を招集し、個別ケース会議を実施することとした。ちょうどそのタイミングで、T美が救急搬送されたという連絡が病院から子育て支援課に入った。

　救急要請をしたのはY平であった。精神科デイケアでのやり取りがきっかけで不安定になったT美は、帰宅後、精神科で処方された２週間分の薬を全部一度に飲んでしまった。みるみるぐったりする母親を見て慌てたY平は祖父に訴えたが、「大丈夫だろう」と取り合わなかったため、自分で救急に連絡したのだった。T美は、Y平の素早い行動のおかげで大事には至らなかった。しかし、５歳の子どもが救急要請したことで、病院から市の子育て支援課に連絡が入ったのだった。

〈考えよう〉

この家庭への支援には、どのようなことが必要か考えてみよう。
そのためには、どのような機関との連携が必要か考えてみよう。

【支援のための連携プロセス】
ケース会議では以下の機関が招集された。
Ｙ平にかかわる機関
　・保育所
　・保健センター
Ｔ美にかかわる機関
　・保育所
　・心療内科医院：精神障害の治療にあたっている
　・市の障害福祉課：障害者手帳発行にかかわった
　・福祉作業所：日頃通所している施設
祖父母にかかわる機関
　・地域の民生委員
　・地域包括支援センター
世帯にかかわる機関
　・市の生活保護課
調整機関：市の子育て支援課

個別ケース会議では、それぞれの機関でのＹ平一家について、どのような支援をし、どのようなかかわりをしてきたのか、支援経過の情報共有を行った。そして、「救急要請」という、幼い子どもには心理的プレッシャーがかかる今回のような事態を再び招かないように、連携体制を構築した。

医療機関が会議に参加することにより、Ｔ美の障害の程度と接し方がより明確になった。福祉作業所の職員からは、Ｔ美への伝達方法として、話しかけるだけでなく、わかりやすく書いた手紙を渡すなどの工夫が伝えられた。さらに、Ｔ美のストレスがＹ平に向かわないためにも、変化があれば、すぐに調整担当である子育て支援課に連絡を入れ、保育所とも情報共有を行い、Ｔ美のサポートを行う連絡体制を整えた。

生活保護担当からは、衣食住に不足しないための生活費を支給していることから、保護費の使い方が順当なのか、訪問して指導することになった。市の障害福祉課からは、事務的手続きの様子を情報提供してもらい、Ｔ美の様子について、養育的に支援を要する状況が周知された。

また、祖父母は高齢者福祉の支援を受けていない状態であったため、支援開

始のきっかけを検討した。まず、認知症傾向のある祖父の徘徊があるため、地域の民生児童員から祖父母を地域包括支援センターに紹介し、介護保険サービスにつなげる方向となった。

　保健センターからは、Y平の発達状況について、遅れはなく順調との情報が提供された。これは、Y平の成長とともに、家族のY平への依存度が上がっていくことを意味する。同時に、高齢の祖父母、T美自身の症状が悪化すると、Y平の家庭での養育がたちまち困難になるかもしれないことが予想された。したがって、家庭に何か変化があれば、Y平に日頃かかわる保育所、祖父母にかかわる地域包括支援センター、地域で家庭の様子をみることができる民生委員などから速やかに市に連絡をするなどの、共通認識をもつこととなった。

(2)　考察：社会福祉領域との連携の実現

　このケースは、「家庭全体に専門職によるフォローが必要」であることに気づいた保育所が、早期に要保護児童地域対策協議会の調整担当である「子育て支援課」につなげたことから、迅速な連携体制の構築につながった。

　特に心配な事象がなくても子育て支援課に「家族に支援が必要なケース」として相談をかけていたことで、病院から子育て支援課に連絡が入った際、ケース把握がすぐに可能であった。

　また、その後の要保護児童地域対策協議会で実現した連携では、祖父母を高齢者福祉分野での支援につなげ、医療・障害福祉分野では、T美を「福祉サービス利用者」としてではなく、「子育て中の利用者」であり、病気・障害などからくる負の影響を子になるべく及ぼさないための支援が必要であるとの視点がもてた。生活保護においても、お金の使い方、必要物品や食の確保など、受給者の特性（理解力の不足など）への対応だけでなく、子育て支援の視点をもってもらえたのである。

　このように、保育所からの発信により、要保護児童地域対策協議会にあげ、関係機関の相互協力により、多角的支援が実現したのである。

2　母子保健・医療の専門機関との連携

　保育所では、日々の送迎の場面で、家庭での養育状況、保護者の子どもへのかかわり、保護者自身の様子の変化などを垣間見ることができる。短時間のことではあるが、その一端から支援の必要性をつかむことができる。本節

では、保育士の気づきにより、母親の新たな妊娠による不安とそのストレスから、子どもへの不適切対応に至っていた状況に介入できたケースを学んでいこう。

（1）　事例②

新たな妊娠による不安と養育への影響

【プロフィール】
M子（3歳）…保育所に入所中
S恵（30歳）…M子の母親。パート勤務
父親（30歳）…会社員

【ケース概要】
　M子は3歳児クラスの女の子である。母親は、第2子を妊娠中でもうすぐ産休に入る予定である。M子は、外で友達と走りまわって遊ぶことが大好きな元気な子どもだった。ところが最近は、外でも部屋のなかでも、担任にべったりすることが多くなった。さらに友達に、「あんたは嫌い」「あんたなんかいなきゃいいのに」と乱暴で否定的な言葉をかけることが多くなっていた。

　また担任の保育士は、M子の母親であるS恵の様子が以前と違い、笑顔がなく、M子への言葉かけも少なくなっていることが気になっていた。保育士は、「妊娠中で、体がつらいせいかしら？」などと考えていた。

　ある日、お迎えに来たS恵が、いつものように帰り支度をしているM子に「あんたはいつもぐずぐずして！あんたのために来てやってんのに、待たせないで！」「あんたなんかいなきゃいいのに」と激しい言葉をあびせた。日頃、M子が保育所で口にする言葉は、M子が母親から言われていた言葉だった。保育士は「お母さん、お部屋で少し話しませんか？」と面談に誘った。

　担任保育士は、S恵の体調から尋ねてみた。すると、「もうこの子の世話だけでこんなに大変なのに、もう一人生まれることが心配で、何もやる気が起きなくて。夫は、毎日仕事で遅く、家事を手伝ってくれないし。子どもなんてほしくない……」と泣き崩れてしまった。さらに「もともと私は家事が苦手で、子どもは一人でいいと思っていたのに……。想定外の妊娠で、ちゃんとできるのか自信がもてなくて」と話した。保育士は、「お母さん、そんなにつらい思いをされていたのですね」と母の思いを受け止め、「少しでも楽になるように一緒に考えますね」と伝えた。すると、「こんなこと、誰に話していいか分からなくて…周りの人は、二人目ができてよかった、っていうし。はじめて自分の気持ちを聞いてもらえて楽になりました」と、S恵の表情が明るくなっていった。担任保育士は、上司と相談し、子育て支援課に連絡を入れ、ケース会議の開催を依頼した。

〈考えよう〉

> この家庭に対して、どのような支援が必要であるか、考えてみよう。
> そのためには、どのような機関との連携が必要であるか、考えてみよう。

【支援のための連携プロセス】

ケース会議では、以下の関係機関が招集された。

M子にかかわる機関
　・保育所
　・保健センター
　・児童相談所

S恵にかかわる機関
　・保育所
　・市・保健センター
　・医療機関：妊婦健診、出産等にかかわった医院

調整機関：市の子育て支援課

個別ケース検討会議では、M子がS恵から言葉の暴力を受けている状況について、各関係機関からの情報提供をもとに、支援の方向性と役割分担について検討された。

保育所からは、日頃のM子の保育所での様子とS恵のM子への対応の変化について情報提供し、S恵が望まない妊娠により、今後のことで不安が大きいこと、M子への養育や言動に不適切さが目立つこと、どのように支援するべきか考えたいことなどをあげた。

保健センターからは、M子の健診状況について情報提供がされた。0歳の頃からS恵はきちんと健診を受け、予防接種状況も順調だった。しかし、第2子妊娠による母子健康手帳を交付の際、面談した保健師の記録から、妊娠について、「想定外」「夫は協力的でない」「あまり嬉しくない」などの記述があるといった情報が提供された。

児童相談所は、これらの情報提供を受け、M子への言動や対応は心理的虐待であり、第2子妊娠についても否定的であることから、今後もM子と第2子への虐待リスクが高いと判断した。対策として、S恵の心理状態が急激に落ちていることから、医療の必要性の提案をした。一般の産科での出産よりも精神科を併設している病院での出産が適切かもしれないからである。

子育て支援課では、M子の普段の養育支援の場として、保育所が主たる支援

＊2　特定妊婦
　児童福祉法第6条の
3第5項に定められる、
出産後の養育が困難に
なる可能性や虐待への
リスクが高いと予測さ
れる妊婦のことである。
特定妊婦として受理さ
れれば、必要な医療機
関との連携が制度上可
能となる。さらに、保
健師等による個別支援
の対象となる

機関になるので、変わったことがあれば、すぐに保育所から「子育て支援課」に連絡を入れることを確認した。もし、養育不適切な状況があれば、児童相談所に一時保護を視野に入れて介入してもらうことも共通理解した。

　保健センターでは、個別ケース会議での児童相談所の見解を受け、S恵を養育リスクの高い「特定妊婦」*2として、支援することになった。まず、M子の3歳児健診が未受診であったため連絡をとり、母親と面談をし、心理面での受診につなげ、出産を迎えるための適切な支援を行う、という役割分担ができた。

母子保健との連携から医療につなげる

　個別ケース会議での情報共有と役割分担をもとに、保健センターの担当保健師がS恵に連絡を取り、じっくり話す機会をもった。「マタニティブルーかもしれないですし、妊娠中でも安心して受診できる心療内科もあるので、一度受診しませんか？　同行しますよ」と受診をすすめた。

　S恵は、心療内科と聞き、少し表情を硬くし、「妊娠中で薬を処方されたら心配です」と言ったが、保健師が同行してくれることを聞き、受診に同意した。

　心療内科で受診の結果、中度の抑うつ状態であるとの診断が出た。心療内科から出産予定の病院に申し送りがされたものの、精神科は併設していなかったため、紹介状をもらい、精神科がある総合病院に転院することになった。S恵は、自分の不安定な状態に診断がつき、治療の目途がついたことに安堵した。

　この結果を保健師同席のもと、M子の父親にも伝えた。「お父さんの協力をもう少しいただけたら」とやんわり伝える保健師の言葉に、父親も「じゃあ、これからは、できることをするように頑張ります」と前向きになってくれた。保育所でのM子の様子も安定してきて、以前のように友達と楽しそうに仲良く遊ぶようになっていった。

　S恵は、併設している精神科からのフォローを入れてもらいながら、無事に第2子を出産した。退院前に、病院の医療ソーシャルワーカー（Medical Social Worker：MSW）も参加して、子どもが一人増えたことによる個別ケース検討会議が開かれた。

　S恵の入院中、MSWは面談を通して母の不安な気持ちを聞き取った。S恵は、子どもは一人でいいと思っていたから、これからの生活が想像できない、と涙ながらに不安を訴えていた。また、自分の家族とは疎遠で、出産後、手伝いに来てほしいとは思っていないが、夫の家事協力は期待できないことも不安がっていた。そこでMSWは家事負担を軽減するため、S恵に「産後ヘルパー」という市の子育て支援制度を利用することを勧めた。産後ヘルパーとは、生後半年以内の子どもを有する家庭に、一般的な料金より低価格で、家事ヘルパーを利用できる制度である。家事だけでなく、子どもの世話なども頼むことができる。保健センターでは、保健師による新生児訪問の際に、「子育て支援課」の家庭児童相談員も同行し、産後ヘルパー制度についての説明と手続きを行っ

た。また、ファミリー・サポート・センターに登録することで、M子の保育所送迎を頼むことができること、子どもをファミリー・サポート・センターの会員の自宅で預かってもらうことができることなども案内した。

　S恵は、「子育て支援の制度が色々あってよくわからなかったけど、教えてもらうと、どんな時に利用したらいいのかわかって、心強いです」とこれからの子育てに前向きな様子をみせた。

(2)　考察：医療分野との連携を支えるもの

　保育所は、働く保護者の子育てを支え、日常の保育を通して、所属児の健全な成長を促すことが主たる目的だが、その家庭全体への支援も必要に応じて行う。この事例では、保育の場での気づきにより、異なる分野が連携し、どのような状況であるかそれぞれの立場からの情報を共有しながら、支援を行ったことで、よい結果につながった。

　なお、医療機関と子ども支援機関との連携については、2016（平成28）年における児童福祉法改正で、医療機関との連携にかかわる条文が加えられたことにより、これまで以上に相互の情報共有が可能になった。

　育児不安を感じやすい母親が、新たな子どもを妊娠することで、今いる子どもへのマイナス影響となる例は少なくない。この事例では、医療分野との連携に加え、産後ヘルパー派遣事業、ファミリーサポートセンター事業など「子育て支援制度」である社会資源を活用した。

3　小学校と保育所の連携

　保育所での養育支援は、親子関係を大切にすることをベースに、家庭で不足するものを保育所での日常で補い、家庭全体を支援することが前提である。しかし、子どもの利益と保護者の希望が対立するときには、子どもの利益を守るため、一時保護や社会的養護につなげる支援が必要なこともある。

　本節では、保育所に在籍する子どもとそのきょうだいが在籍する小学校との連携により、養育不適切な状態から一時保護に至ったケースについて学ぶ。養育支援が必要な家庭では、同じ家庭環境にいるきょうだいにも課題があることが多い。きょうだいが同じ保育所に所属しているのなら、連携をとりやすいが、そうでない場合は、所属する関係機関との連携が必要である。

(1)　事例③

少女にかかった加重な家事負担によるきょうだいへの虐待

【プロフィール】

　C江（34歳）…3人の母親。新聞配達、警備員で収入を得ている

　S子（小学5年生）…長女

　K太（5歳）…長男

　A美（3歳）…次女

【ケース概要】

　同じ保育所に通うK太とA美の家庭は複雑であり、それぞれの担任保育士は、日ごろから彼らを気にかけていた。ひとり親家庭であり、K太たちの他に小学5年生の姉がいる。母親のC江には、3回の結婚・離婚歴があり、それぞれの結婚でひとりずつ子どもがいる。また、過去に生活保護を受けていたこともあるが、3度目の離婚後は「誰の助けも借りたくない」と、生活保護を受給していない。C江は、精神障害者手帳を保持しているが、最近は治療をやめている。

　C江は、もともと養育を優先するタイプではなかったが、離婚後、一人で収入を得るため、外で働くことを優先するようになった。午前と午後は新聞配達員として働き、夜は、警備員として、工事現場の交通整理などの仕事を掛け持ちしていた。母親が家庭にいない間、長女であるS子は、家事や下のきょうだいの世話を担うようになっていた。

　保育所では、K太とA美の持ち物がそろわないことが多くなり、そんなときは、保育所から貸し出していた。また、同じ服を着て登所することも増え、不衛生さが目立ったので、子どもたちに、保育所の服に着替えさせたところ、迎えに来たC江が、「着ていた服と違う！　勝手に服を変えないでください！手を出さないで！」と怒った。

　C江とのコミュニケーションがうまくいかないなか、保育所で過ごす間は、保育所の服を着せ、帰るときには家から着てきたものに着替えさせる、という工夫をした。まだオムツがとれないA美は、いつも登所してくるとオムツはぼとぼとで肌荒れがひどくなっていた。

　保育所では、市・子育て支援課にケース相談をしていた。子育て支援課からは、子どもの世話をしないネグレクト傾向の家庭なので、気になることが起きたらそのつど連絡するようにと言われ、連携をこまめにしていた。

　そのうちC江は、保育士からさまざまな忠告を受けることの煩わしさからか、保育所の送迎を「ファミリー・サポート・センター」に依頼する日が多くなった。

　そんなある日、子どもたちの着替えのときに、K太とA美の二の腕の内側につねられた跡が多数みつかった。保育士は、K太とA美に「痛そうだね」と話

かけると、K太は、「お姉ちゃんが『うるさい』って、つねる」と保育士の腕をつねってみせた。よく見ると、他にも古いあざなどがみつかった。

　姉がきょうだいに対し、複数か所、あとが残るほどつねっている状態が判明し、すぐに市・子育て支援課に連絡を入れた。そして、子育て支援課からは、家庭児童相談員が保育所にやってきた。この日は、C江が迎えにきていたため、保育士と家庭児童相談は「お母さん、おうちでのお子様たちの様子など、お話し聞かせてください」と母を職員室に誘った。

　C江は、面倒くさそうに職員室に入ってきた。保育士はまず、「最近は、ファミリー・サポート・センターの人を頼んでくださったから、私たちも安心して見送りできます。お母さん、協力有難う」とお礼を言った。少し気分をよくした母は、「人任せが多いです。夜は、お姉ちゃんにこの子らを任せてるし」と話しだした。保育士は、「お仕事の掛け持ちで、忙しいですか？」とさらに様子を尋ねると、工事現場での交通整理の仕事は、現場や働く時間が日によって違い、ときには夜中に仕事することがある、と言い出した。「え、じゃあ、そんなに遅くまで子どもたち3人だけ？」「そう。でも、おねえちゃんは、私に似て、厳しくこの子らをしつけてくれてるから」と、特に問題と感じていなかった。そこで保育士は、K太とA美のあざのこと、姉が体罰としてつねっているらしいことを伝えた。家庭児童相談員は、「お母さんのお留守の間、S子ちゃんは、きっとどうしたらいいかわからないことが多いと思いますよ。お母さんがもう少しおうちで子育てできる環境をつくりましょう。それが無理なら、子ども達を養護施設でお世話してもらうのはどうですか」と提案すると、C江は「子どもたちを預ける気はありません。それに、私が働かないとこの子たちを養っていけません！」と怒りだし、そのまま帰ってしまった。

〈考えよう〉

この家庭への支援には、どのようなことが必要か考えてみよう。
そのためには、どのような機関との連携が必要であるか、考えてみよう。

【支援のための連携プロセス】
　ケース会議では、以下の関係機関が招集された。
　子どもたちにかかわる機関
　　・保育所
　　・保健センター
　　・ファミリー・サポート・センター…子どもたちの送迎を調整
　　・小学校

163

・児童相談所
　Ｃ江にかかわる機関
　　・保育所
　　・小学校
　　・市・障害担当…Ｃ江の障害者手帳を発行
　　・市・生活保護担当…以前、生活保護を受けていた機関

　個別ケース会議では、保育所側は小学校でのＳ子の様子を聞くことができた。最近のＳ子は、遅刻と欠席が多くなっているという。同様に小学校側も、Ｓ子が宿題もできず、授業も上の空なのは、母親に代わりきょうだいの面倒をみているからだということを保育所からの情報により把握した。

　ファミリー・サポート・センターの職員によると、Ｋ太とＡ美の送迎を担当する協力会員が子どもたちを家まで送り届けると、姉のＳ子だけがいて、「お母さんは夜が遅い」と話しており、心配していたという。

　市の障害福祉担当からは、Ｃ江が精神保健福祉手帳の３級を保持していること、もうすぐ更新時期だが、母が治療を継続している様子も、更新のための手続きをする様子もないことなどが伝えられた。

　生活保護担当からは、以前に生活保護受給に至った経過、受給中の様子などが伝えられた。そして、現在の養育状況は生活保護受給の要件にあたる可能性があるため、保護の相談につなげていくこととなった。

　保健センターからは、子どもたちの乳幼児健診時の発達と母の養育状態について情報提供がされた。それによると、Ｋ太には発達障害の傾向があり、指示が入りにくいため、Ｓ子がＫ太の面倒をみることは極めて困難であることが確認された。

　児童相談所からは、このような夜間放置や長女が母に代わってきょうだいの世話をすることで、虐待の状態が生じているだけでなく、小学生としての生活に影響がでていることは、Ｓ子に対する児童虐待に相当するとして、①母の労働時間を減らす、②生活保護などの経済的支援など提案するようにと助言が出た。さらに、③母に改善する意思がみられず、この状態が続く、もしくは悪化すれば、一時保護を視野に入れるとの方針が出された。

　児童相談所からの提案は、保育所や小学校と母親との関係性が悪化しないように、市の子育て支援課から伝えられることとなった。そして、子どもたちの様子について、保育所と小学校との間で情報共有をこまめに行うこととなった。
【保育所と小学校の連携】連携により子どもの保護につながる
　ある日、Ｓ子から保育所に、Ｋ太に熱があるから保育所を休む、Ａ美も休むと連絡が入った。すぐに、保育士が小学校に連絡をとると、Ｓ子は無断欠席していることがわかった。保育所から子育て支援課にも連絡を入れ、対応を協議した。保育所が家庭訪問し、小学校からは母親のＣ江に連絡をとることになっ

た。

C江に連絡がつき、「S子ちゃん、お休みなんだけどどうしたの？」と聞くと、「一人が風邪ひいたら、3人とも体調が悪くなってしまって。しばらく休ませます」と言い、一方的に電話を切った。

保育士が自宅を訪問すると、S子が出てきた。「心配だから来てみたよ。K太くんとA美ちゃんも顔見せて」というと、右目が腫れ、頬にあざがついたK太くんが顔を出した。驚いた保育士は、子育て支援課に連絡をとった。すぐに、家庭児童相談員が児童相談所職員とともにやってきた。児童相談所職員は、ネグレクト状態が続き、身体的虐待もあるとして一時保護に踏み切った。

その後、児童相談所が、子どもたちにこれまでの生活状況を聞き取り、C江と面談を重ねた。C江は、夜中どころか朝まで帰宅しない日もあることがわかった。そのため、食事の世話から入浴までS子が面倒をみることが続くなか、幼いきょうだいに暴力で従わせるようになったのだった。C江は、S子がK太の顔面にあざができてしまうほど叩いたことを知って、「しばらく外へ出ないように」と言ったこともわかった。

C江は「子どもたちを返して」と訴えていたが、自分の働き方を変える意思はなかった。しかし、児童相談所の職員から、子どもたちは母親のことを嫌いではないが、ご飯が出てくるここ（一時保護所）がいい、と話していることを聞くと、ようやく施設入所に同意した。

（2）　考察：家庭支援のための複数の視点

このケースは、保育所と小学校の連携により、子ども達を一時保護につなげたケースである。関係機関の連携は、在宅での養育を支援するものであるが、ときには、不適切な養育環境から子ども達を保護するためのこともある。

このケースの場合、母親は子ども達に愛情はあったが、生活保護を受けずに自分の収入で生活をしたいという気持ちと子ども達に目を向ける、ということのバランスが取れないことがベースにあった。

さらに、このケースのように虐待による、けがの発覚を恐れ、別の理由をつけて保育所や小学校を休ませることはよく見受けられる。不審な欠席があるときは、訪問を行うなど、子どもの様子を確認する必要がある。

家庭での生活の支援に限界がある場合は、児童相談所の権限において一時保護を行い、子どもの安全を確保し、家庭環境の調整を試みる。さらに調整に時間が必要な場合は、子どもを養護施設での安心、安全な環境につなぎ、生活を守ることが必要なのである。

本章では、要保護児童地域対策協議会をベースに、保育所がどのように他

の機関とつながり、協働しながら多角的支援を行ったのか、３つの事例で学んだ。現代社会における保育所の役割は、子どもの育成だけにかかわるのではなく、家庭全体を支援する役割も担っている。しかし、保育の場だけでは、支援の限界があるため、できない部分を担う関係機関や福祉部署と連携する必要性が生じるのである。

　子どもを預かる保育士として、子どもと家庭への支援のために、どの機関に、どのような支援を求めたいのか、把握しておくことは他機関との連携の効果を引き出すためにとても大切なことである。その上で、個別ケース検討会議にて、情報共有、支援方向の共通理解、役割分担が検討され、複数の視点からの介入が始まるのである。さらに、日ごろから、協議会の調整機関である市・子育て支援課と意思疎通を図ることで、より迅速で的確・多角的な支援が実現するのである。

〈参考文献〉

１）金子恵美編集代表『要保護児童対策調整機関専門職　研修テキスト』明石書店　2019年
２）髙井由起子編『子どもと家族をアシストする相談援助』教育情報出版　2019年
３）倉石哲也『保育現場の子ども虐待対応マニュアル』中央法規出版　2018年
４）増沢高著『ワークで学ぶ子ども家庭支援の包括的アセスメント』明石書店　2018年
５）三菱UFJリサーチ＆コンサルティング「ヤングケアラーの実態に関する調査研究報告書」2019年
６）澁谷智子『ヤングケアラー──介護を担う子ども・若者の現実──』中央公論新社　2018年
７）西山直子「ヤングケアラーに対する家庭児童相談員の意識調査」（子ども虐待防止学会発表）2020年

コラム　「ヤングケアラー」について

　近年、「ヤングケアラー」(幼き介護者) 問題が注目されはじめている。ヤングケアラーとは、親が病気など何らかの理由で、家事・養育などができず、親の代わりに、それらを担う18歳未満の子どものことをいう。

　2019 (令和元) 年、全国の自治体に設置されている要保護児童対策地域協議会を対象とした調査結果では (三菱UFJ、2019)、ヤングケアラーがいることを把握していると回答したのは34.2%、ヤングケアラーと思われる子どもはいるがその実態は把握していないと回答したのは35.0%だった。全国の自治体の児童相談を担う、要保護児童対策地域協議会の半数以上が、ヤングケアラーが問題について何らかの形で認識していることになる。

　調査によると、子どもたちは、食事の世話、家のなかの家事、身の回りの世話、トイレや入浴の介助、見守り、感情面のケア、きょうだいの世話、親が外国人の場合の通訳、金銭管理、などを行っている。本文でとりあげた母親のために救急要請したY平も、未就学児でありながら母親の感情面を支えるヤングケアラー事例である。

　筆者が2020 (令和2) 年はじめに行った、A県下の家庭児童相談室を対象とした調査においても、相談員がかかわった児童虐待ケースのなかにヤングケアラー問題が介在していたという回答は58%だった。また、就学前の子どもが、家庭内において食事、親の身辺の世話、感情面のサポート、通院のサポートを行っているという回答が全体の4%だった。子どもの年齢と能力が上がるに伴い、ヤングケアラーの数は増加していた。

　親の代わりに家事やきょうだいの世話をするヤングケアラーは、「感心な子」「がんばる子」と見られ、本人たちも、「自分がやらないと」「自分が手伝うことで、家族が助かっている」と思いがちの側面がある。しかし、発達的に未熟な子どもが年齢を超えた家事負担を日常的に行うことによるマイナス面はとても大きい。

　マイナス面の例をあげると、家事などで時間がとられるため、学校に行く時間に間に合わなくなり、休みがちになりやすい。本文でとりあげたS子がこの例である。S子は母親に代わりきょうだいの面倒をみるうちに、学校を休みがちになり、さらに年齢不相応な負担のため、どうしていいかわからず、きょうだいに対して暴力でコントロールするようになった。そのほか、部活など課外活動ができない、家庭での学習ができず、学力が振るわない、衛生面、栄養面がおもわしくない、情緒不安定になるといった影響があげられる。さらに、学力不足のため進学を断念する、行きたい進路を選べない、就職できない、などの影響もある(澁谷、2018)。

　相談員やケースワーカーが「ヤングケアラー」に出会うとき、多くは「不適切な養育」「ネグレクト」「心理的虐待」「身体的暴力」などの事象に発展してしまっている。そのような事態まで子どもを追い詰めないために、保育士は、ヤングケアラー問題に目を向け、「家事または介護を担う感心な子」は「家庭全体への支援が必要な子」との視点に置き換え、他機関との連携を行う必要がある。そのことが結果として児童虐待防止にもつながるのである。

第9章

◆ ◆ ◆ 子ども家庭支援における課題と展望 ◆ ◆ ◆

キーポイント

多様化する子ども家庭支援のニーズを充足していくためには、子どもや子育て家庭のニーズに応じたさまざまな社会資源につなげていく必要がある。しかし、子ども家庭支援においてニーズに応じた社会資源につながらない現状と課題が顕在化していることから、本章では、子どもや子育て家庭のニーズと必要なサービスがなぜ、つながらないのかという問題意識からスタートし、働き方改革とワーク・ライフ・バランス、保育所探し、子どもの貧困問題を例に、子ども家庭支援の今日的課題について具体的に検討する。

さらに、子ども家庭支援の展望として、保育ソーシャルワークや地域包括的・継続的支援など、これからの子ども家庭支援に求められる展望について学んでいく。

1 子ども家庭支援における課題

1．多様化する子ども家庭支援のニーズへの対応

⑴ 多様化する子ども家庭支援のニーズ

私たちが現代社会のなかで日常生活を送るとさまざまな生活課題に直面する。ほとんどの場合、自分一人で解決をしたり、家族みんなで協力して解決をしたりすることが多いのではないだろうか。日常生活とは、さまざまな生活課題を日々解決していく営みであるともいえる。

子育て家庭においては、子育てに関する悩みや不安が常にある。これまで学んできたように、子どもや子育て家庭を支援する制度や仕組みはさまざまであるが、現代社会の多様化する子ども家庭支援のニーズを十分充足するほどとはいえず、社会資源につながらない現状と課題が顕在化している。

代表的な例としては、子育ての孤立化があるが、その他にも保育所等における待機児童問題、児童虐待、子どもの貧困、外国籍などの他文化を背景に

168

もつ家庭への支援、障害児や医療的ケア児への支援、障害や疾病のある保護者への支援、いじめ・ひきこもりなどが挙げられる。これら多様なニーズをもつ子どもや子育て家庭は、複数のニーズや生活課題を抱えていることが多い。子育て支援や福祉的なニーズがあるにもかかわらず、必要な保育・福祉サービスに「つながらない」ことが大きな課題として考えられる。

　サービスとのつながりが生まれない状況は、地域社会とのつながりを喪失させ、子どもや子育て家庭が地域社会のなかで孤立し、排除されるなど、社会的孤立を生み出すことにもつながっていく。最悪の場合、虐待死など死に至るまで社会とつながれなかったという状況が考えられるだろう。

　子どもや子育て家庭と必要なサービスが「なぜ、つながらないのか？」という問題意識のもとで課題の本質を考えていくことは、これからの子ども家庭支援のあり方を考えていく上で非常に重要である。

(2)　必要なサービスに「つながらない」という課題

　必要なサービスにつながりにくい、あるいはつながらないことの原因について考えてみたい。まず日本は、個々のあるいは家族が抱える生活課題に対して、伝統的に家族や親族が支援の中核を担ってきたということである。その伝統的な支援、すなわち親族間のつながりの力が弱くなってきているということが考えられる。このつながる力の弱さに対して、子どもや子育て家庭のつながる力を再生させ、増強させていくかが課題となる。

　社会的孤立の問題を考えてみると、子どもや子育て家庭に当事者性や主体性がもちにくくなってきていることが考えられる。市民社会に生きる私たちは、誰かとのつながりを前提に生きていく必要がある。しかし、子どもや子育て家庭がサービスとつながるチャンスがない、あるいはつながりに制限がある状況を把握するなど、当事者の視点で問題の所在を検討する必要がある。

　必要なサービスとつながるためには、子どもや子育て家庭そのものにつながる力が求められる。つながる力を発揮するためには、つながりたいという意思を育てること、つながりたいと思える人がいること、つながるための機会を保障するなど、より具体的なつながる支援が求められる。

2．働き方改革と家庭

(1)　働き方改革とワーク・ライフ・バランス

　国は2019年4月以降、働き方改革関連法の順次適用を開始し、一億総活躍社会の実現に向けた「働き方改革」を推進している。この働き方改革は、働

く人たちが、一人ひとりの事情に応じた多様で柔軟な働き方を、自分で選択できるようにするための改革である。働き方改革を推進する背景としては、少子高齢化に伴う生産年齢人口が減少したことや子育てや介護との両立など、働く人のニーズの多様化などがある。働く人の置かれた個々の状況に応じて、多様な働き方を選択できる社会を実現することで、社会によりよい循環を作り、働く一人ひとりが良い将来の展望がもてるようにすることをめざしている。働きすぎ防止の観点からは、多様で柔軟な働き方の実現をめざして、長時間労働をなくしたり、年次有給休暇を取得しやすくしたりするために、労働時間に関する法制度の見直や正社員・非正規社員の間の待遇格差をなくすことが進められている。

　子ども家庭支援の分野においては、仕事と家庭を両立するワーク・ライフ・バランス*1の実現が求められている。かつては夫が主に働き、妻が専業主婦として家庭を守り、子育てを担うという性別役割分業が当たり前の時代があった。近年では女性の社会進出や非正規雇用の増加等により、共働き世帯が増加しているが、子育ては女性が主に担うものであるという役割分担意識は依然として残っている。多様化した共働き世帯の子育てのあり方が問われており、ワーク・ライフ・バランスの実現のためには、男性の積極的な育児参加が進められている。

＊1　ワーク・ライフ・バランス
　第1章、および第2章コラム参照。

(2)　保育所探し

　保育所探しは、子育て家庭が子どもを保育所等に入所させるために行う活動のことであり、一般的に「保活」と呼ばれている。保護者が現在生活をしている自宅から園までの距離、そこから職場までの距離、保育時間がどのくらいかなどを計算しながら、最も適当な園に入所できるように活動を行っている。

　第2子出産後に、第1子と同じ園に必ずしも入園させられるとは限らない。場合によっては、2人の子どもをそれぞれ別の園に預けなければならないケースも存在する。2人の子どもを同じ園に預けられるように、転所の手続きが行われることがあるが、これも保育所探しの1つである。

　少子化である一方、保護者が希望する園に入所できない（保育サービスにつながらない）ことが多くあり、待機児童問題は未だ解決には至っていないのが現状である。

3．子どもの貧困

(1)　子どもの貧困の現状と課題

①　子どもの貧困の現状

　近年、子どもの貧困問題に注目が集まっている。厚生労働省「国民生活基礎調査」によれば、一般的な平均所得の半分に満たない家庭で暮らす18歳未満の子どもの貧困率は、2018（平成30）年時点で13.5％である。2006（同18）年から2012（同24）年と比較して若干数値は減っているものの、実に子どもの７人に１人が貧困状態にあるといえるだろう。また、ひとり親家庭で子育てをしている世帯の貧困率は48.1％であり、２人に１人が貧困状態にある（表９－１）。

　子どもの貧困の現状を考えていく上で、貧困の２つの定義をおさえておく。

　まずは「絶対的貧困」である。絶対的貧困とは、住む家がない、食べ物がない、洋服がないなどの人間としての最低限の生存条件を欠くような貧困状態のことをいう。

　そして「相対的貧困」である。相対的貧困とは、日本国憲法第25条に基づく「健康で文化的な生活」を基準に、そこからの格差を問題とする考え方であり、一般的な世帯収入の中央値の半分以下で生活している子どものことをいう。すなわち、現在日本において問題となっている子どもの貧困とは、こ

表９－１　子どもの貧困率の推移

（単位：％）

	2000年	2003年	2006年	2009年	2012年	2015年	2018年
子どもの貧困率	14.4	13.7	14.2	15.7	16.3	13.9	13.5
ひとり親家庭の貧困率	58.2	58.7	54.3	50.8	54.6	50.8	48.1

資料　厚生労働省「国民生活基礎調査」2019年より一部改変

図９－１　子どもおよびひとり親家庭の貧困率（2018年）

子どもの貧困…13.5％　　　　　　ひとり親家族の貧困…48.1％

1人／7人　　　　　1人／2人

資料　厚生労働省「国民生活基礎調査」2019年より作成

の相対的貧困のことを指すのである。

　この相対的貧困は、食生活や住環境などに関しては一見普通にみえることから、「みえない貧困」といわれている。何不自由なく暮らしていても、家計はいつも余裕がない状態で部活動をすることや学習塾へ通うこと、修学旅行に行くことや遊園地に行くなどの娯楽など、他の子どもたちが当たり前に経験していることができないことによって、子どもの成長に必要な自己肯定感や自尊心を損なう危険性がある。そして、さまざまな機会や経験を失うことは、子どもに「あきらめ」の感情を抱かせることにもなるだろう。

　②　子どもの貧困の課題

　子どもの貧困をめぐる問題は、経済的な貧困だけが問題視されているのではなく、経済的な貧困状態によって子どもの生活にどのような影響があるのか、本来ならば子どもや子育て家庭に享受されるべき生活の何が奪われているのかに着目する必要がある。

　1つ目は、「物的資源や生活に必要な資源の欠如」である。現金や食料、医療などの生活に必要なさまざまな社会資源やサービスなどが挙げられる。2つ目は、「ソーシャル・キャピタル*2の欠如」である。人とのつながりの欠如、友人や地域住民との関係、学校や職場との関係などが挙げられる。3つ目は、「ヒューマン・キャピタルの欠如」である。教育を受ける機会や労働の機会の欠如などが挙げられる。

　山野則子らは、2016（平成28）年、大阪府を対象に子どもの貧困の実態を"見える化"することを目的として、「はく奪指標」（子どもや子育て家庭から奪われているものや出来事の基準）を用いた「子どもの生活実態調査」を実施した（表9−2）。その結果、子どもから奪われているものは物的資源の欠如、人とのつながりの欠如、教育機会の欠如だけではなく、貧困状態によって子育て家庭が地域のなかで孤立し、児童虐待へと発展し、子どもの問題行動や学力の低下へとつながり、その後も貧困状態が繰り返されるという悪循環に陥ることを明らかにした。子どもの貧困問題は、子どもだけではなく子育て家庭をも含めた支援、すなわち子ども家庭支援を地域の実情に合わせて行っていくことが求められる。

(2)　子どもの貧困に関する法律と支援

①子どもの貧困に関する法律

　2014（平成26）年に「子どもの貧困対策の推進に関する法律」が施行された。この法律の目的は、「子どもの将来がその生まれ育った環境によって左右されることのないよう、貧困の状況にある子どもが健やかに育成される環

*2　ソーシャル・キャピタル
　人々がお互いに協力し合う活動を活発に行うことによって、社会の効率性を高めることのできる、「信頼」「規範」「ネットワーク」などの社会組織の特徴のことを指す。

表9－2　はく奪指標リスト

1．食費を切りつめた	11．冠婚葬祭のつきあいを控えた
2．電気・ガス・水道などが止められた	12．生活の見通しが立たなくて不安になったことがある
3．医療機関を受診できなかった	13．鉄道やバスの利用を控え、自転車を使ったり歩くようにした
4．国民健康保険料の支払いが滞ったことがある	14．電話（固定・携帯）などの通信料の支払いが滞ったことがある
5．国民年金の支払いが滞ったことがある	15．家賃や住宅ローンの支払いが滞ったことがある
6．金融機関などに借金をしたことがある	16．趣味やレジャーの出費を減らした
7．クレジットカードの利用が停止になったことがある	17．冷暖房の使用を控えた
8．新しい衣服・靴を買うのを控えた	18．友人・知人との外食を控えた
9．新聞や雑誌を買うのを控えた	19．敷金・保証金等を利用できないので、住み替え・転居を断念した
10．スマートフォンへの切替・利用を断念した	20．理髪店・美容院に行く回数を減らした
	21．子ども部屋が欲しかったがつくれなかった

資料　山野則子編『子どもの貧困調査—子どもの生活に関する実態調査から見えてきたもの—』
　　　明石書店　2019年　p.45より抜粋

境を整備するとともに、教育の機会均等を図るため、子どもの貧困対策を総合的に推進すること」である。具体的な取り組みとしては、国が「子どもの貧困対策に関する大綱」を作成し、地方公共団体の都道府県子どもの貧困対策計画に反映させていくというものである。

　2019（令和元）年に国は、「子どもの貧困対策に関する大綱」の改訂を閣議決定した。基本的な方針として、①教育支援（学校を地域に開かれたプラットフォームと位置付けるとともに、高校進学後の支援の強化や教育費負担の軽減を図る）、②生活支援（親の妊娠・出産期から、社会的孤立に陥ることのないよう配慮して対策を推進する）、③保護者の就労支援（職業生活の安定と向上に資するよう、所得の増大や、仕事と両立して安心して子どもを育てられる環境づくりを進める）、④経済的支援（様々な支援を組み合わせてその効果を高めるとともに、必要な世帯へ支援の利用を促していく）などを示し、地方公共団体における子どもの貧困対策のより一層の充実を図るものとした。さらに、支援が届かない、届きにくい子ども・家庭とつながることの重要性を強調している。

②子どもの貧困に関する具体的支援

　子どもの貧困に関する具体的な支援として、現在さまざまな取り組みが行われているが、地域における代表的な取り組みの例は、「子ども食堂」である。子ども食堂は、地域の子ども達や保護者などを対象に食事を提供するコミュニティのことで、地域住民やボランティア、NPO法人などが運営している。安価で栄養価の高い食事を提供するだけでなく、地域のさまざまな人との交流拠点として機能しており、地域のなかで新たな人とのつながりを生み出す場として注目され、全国で広がりを見せている。しかし、本当に子ども食堂を必要としている子どもや家庭が利用しているのかどうかがわかりづらく、子ども食堂の情報が届いていない家庭や入りづらいという理由で子ども食堂に行くことをためらう子どもや保護者がいる等の課題を抱えている。

　東京都江戸川区では、子ども食堂が抱える問題を解決するために、食事の支援が必要な子どもや家庭を対象にした「おうち食堂」を2017（平成29）年から実施している。このおうち食堂は、食事支援ボランティアが家庭に直接伺い、自己負担なしで、買い物から調理、片付けまで家庭内で行う事業となっており、行政とNPO法人などの民間事業所との連携によるアウトリーチ[*3]の支援である。さらに、おうち食堂の取り組みを通して明らかになった子どもや家庭のニーズを把握し、必要なサービスにつなげる取り組みを行っている。

　学習支援としては、「無料学習塾」（無料塾）が地域のなかで広がりを見せている。無料学習塾は、経済的に困窮している子育て家庭やひとり親家庭のために、無料で子どもに学習支援を行う塾のことであり、地域のボランティアや学生などが講師として活動を行っている。

③貧困の世代間連鎖をなくすために

　子どもの貧困は、親の経済的貧困と直接的に関係している。「親の経済的な貧困」によって、子どもの「学習・経験の喪失」が生まれる状況は、「子どもの自己肯定感の低下」を招き、将来に対する「あきらめと絶望」、職業選択の幅が限定されるなどの「限定的職業・不安定就業」を余儀なくされる場合がある。将来大人になり、家庭をもち、子どもが生まれた場合、貧困はその子どもにも連鎖することになる。そのため、子どもの貧困は、虐待などと同様に世代間連鎖をするといわれている。

　この子どもの貧困の世代間連鎖を断つためには、「学習支援など貧困対策と支援」として、子ども食堂や無料学習塾などの社会資源と子どもや子育て家庭をつなげる支援が必要である。生活保護などの社会保障制度を活用していくことも考えられるだろう。子どもや子育て家庭のニーズに応じた支援を提供することによって、「子どもの自己肯定感の向上」が期待でき、将来に

＊3　アウトリーチ
　直訳すると「外に手を伸ばすこと」を意味する。社会福祉分野では、支援の必要性があるにもかかわらず、支援が行き届いていない人に対して、行政や関係機関などが協力して積極的な働きかけを行い、必要な情報や支援を届けるプロセスを指す。

図9-2　子どもの貧困の世代間連鎖と支援

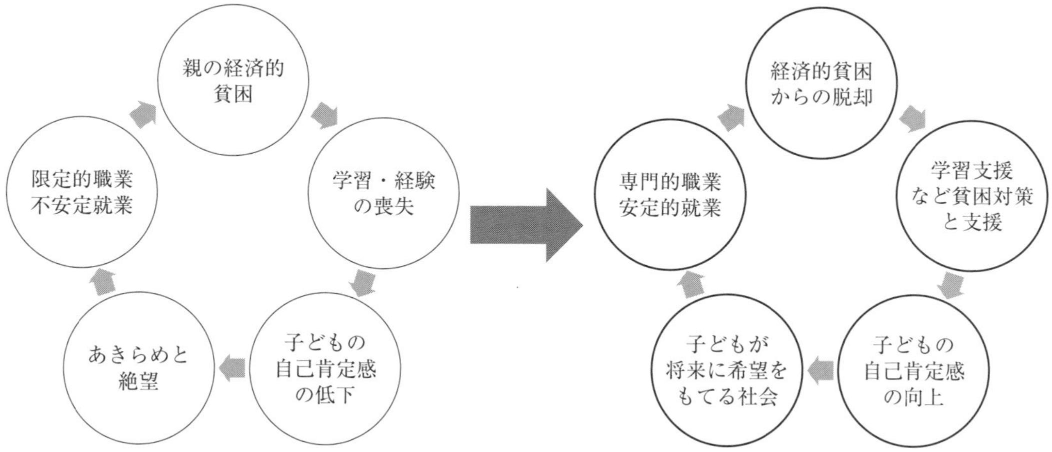

希望をもって学ぶことは「子どもに希望が持てる社会」を築いていくことに
つながっていく。その結果「専門的職業・安定的就業」が期待でき、「経済
的貧困からの脱却」を図ることができる可能性がある。

　子どもの貧困の世代間連鎖を断ち切るためには、負の循環となっている現
状を把握しながら必要な支援へとつなぎ、正の循環へと転換を図ることが求
められる（図9-2）。

2　子ども家庭支援における展望

1．保育ソーシャルワークの展開

(1)　保育ソーシャルワークとは何か

　これからの子ども家庭支援において、保育士がソーシャルワークを地域の
なかで展開していくことが求められている。近年、保育ソーシャルワーク[*4]
と呼ばれており、保育領域におけるソーシャルワークの実践や研究が活発に
行われている。

　現代社会における少子化や核家族化の進行に加えて、地域社会において子
育て家庭が孤立しやすい現状から、子育てに関する相談が出来ず、戸惑い、
悩んでいる保護者も少なくない。さらに、経済的な貧困状態や虐待、DV、
医療的なニーズ、発達障害への対応などの複数の生活課題により、ニーズが
多様化・複雑化している家庭が多く存在している。

＊4　保育ソーシャル
ワーク
　子どもの最善の利益
の尊重を前提に、子ど
もと家庭の幸福（ウェ
ルビーイング）の実現
に向けて、保育とソー
シャルワークの両方の
学問領域にまたがる新
たな理論と実践のこと。

これら多様化・複雑化した生活課題は、保育所のみでの対応は困難な場合が多く、他機関や多職種との連携（多職種連携）による問題解決が求められている。保育士が保育所等を拠点としながら、保育ソーシャルワークの実践を展開していく視点が重要である。

　その意味では、保育所等が地域子育て支援センターとして機能するために、地域の子育て家庭に対する相談援助機能を強化し、虐待などの問題が顕在化する前の段階での予防的な対応も求められる。

⑵　保育士による保育ソーシャルワーク

　保育所に勤務する保育士にソーシャルワークが求められている背景は、子どもと保護者が早期に接点をもつ保育所が、地域の子育て家庭の窓口となることにより、子育て不安や子育ての悩みなどをいち早く相談することができ、地域の子育てニーズを早期に把握することで支援につなげることができるという利点があるためである。また、日常的に他機関とつながりがあることから、問題解決のための社会資源を紹介しやすいということもある。

　保育士の活躍の場は、保育所だけではなく、乳児院や児童養護施設、障害児入所施設等の児童福祉施設もある。保育所以外の児童福祉施設の場合は、社会福祉士などのソーシャルワークの専門資格を有する児童指導員とともに連携・協力しながら支援にあたることも少なくない。保育所以外の児童福祉施設に勤務する保育士は、他の専門職と連携しながら支援にあたる多職種連携が重要となる。なぜなら、子ども達の児童福祉施設への入所理由は、虐待や子どもの障害、家族の離婚、疾病、死別等さまざまであり、個別の状況に合わせた個別支援がより一層求められるからである。

　保育士資格は、児童福祉法上において子どもや子育て家庭を支援する社会福祉専門職として位置づけられている。子育てが地域社会のなかで営まれているものであることから、子どもや保護者を取り巻く社会関係を含めて状況を把握し、子育て家庭の生活の全体性を視野に入れた支援を展開することが必要である。

　保育ソーシャルワークを地域のなかで展開していくためには、子ども家庭支援に関わる一定の実務経験を積んだ保育士等が、保育ソーシャルワーカーとしての役割を担うことが期待される。さらに現場に即した保育ソーシャルワーカーの養成や教育システムも必要である。

2．地域包括的・継続的支援の必要性

(1)　地域包括的支援が求められる背景

　地域包括的支援とは、すべての子どもや子育て家庭に対してワンストップでの支援が可能となるような支援体制づくりを地域のなかで展開することである。

　子ども家庭支援において、地域包括的支援が求められる背景には、「ソーシャル・インクルージョン（社会的包摂）」*5の理念が社会福祉分野で浸透してきているからである。特に、高齢者および障害者福祉分野においては先進性があり、介護が必要となった高齢者も障害のある人も、住み慣れた地域社会のなかで安心して暮らすことができるようにするというインクルーシブ社会をめざす動きが活発である。インクルーシブ社会を実現するために、高齢者福祉分野では地域包括ケアが定着しつつあり、障害者福祉分野でも障害者が地域のなかでその人らしく暮らすための総合的な支援体制が図られつつある。

　子ども家庭支援をめぐる児童福祉分野においては、子育て世代包括支援センターや利用者支援事業などがインクルーシブ社会を実現するための制度に該当すると考えられるが、依然として行政主導による保護色の強い制度体制となっている。すべての子どもや子育て家庭を包み込むような支援体制を構築していくことは、今後取り組むべき重要な課題である。

* 5　ソーシャル・インクルージョン
　すべての人々を孤独や孤立、排除や摩擦から援護し、健康で文化的な生活の実現につなげるよう、社会の構成員として包み支え合うという理念のこと。社会的に弱い立場にある人々を社会の一員として包み支え合うことをめざす。

(2)　継続的支援とは何か

　継続的支援とは、切れ目のない支援のことである。子どもや子育て家庭のニーズを充足するために制度は存在するが、制度は対象者を限定することから、制度の対象からこぼれ落ちる子どもや子育て家庭が存在する。

　こうした制度からこぼれ落ちる人たちの存在は、制度の狭間*6の問題としてクローズアップされており、ニーズに応じた社会資源とつながらないことから、地域社会のなかで孤立し、家庭内で抱えている問題が大きくなることも珍しくない。

　継続的支援を実現するためには、行政主導による縦割りの制度だけではなく、地域住民やボランティア、NPO法人などの民間活動を活用し、縦横の切れ目のない支援を実現していくことが重要である。

* 6　制度の狭間
　地域のなかで悩みや課題を抱えているが、あらゆる制度の対象とはならない状態のこと。

(3)　地域包括的・継続的支援の実現に向けて

　2014（平成26）年に全国社会福祉協議会は、「子どもの育ちを支える新た

なプラットフォーム～みんなで取り組む地域の基盤づくり～」を報告書としてまとめた。この報告書では、子どもや子育て家庭の支援において、プラットフォームが必要とされる背景や取り組みの意義、プラットフォームの機能や構成団体、立ち上げや展開・運営の進め方や活動例を紹介している。

プラットフォームは、さまざまな関係者によって構成され、全国の社会福祉協議会、児童福祉施設関係者（社会福祉法人）、民生委員・児童委員、主任児童委員、ボランティア、市民活動グループ、自治会・町内会、その他子どもや子育て家庭支援を推進する機関・団体、当事者組織など、さまざまな組織・団体が連携しながら、課題の解決にあたる共通の土台であると定義されている。

柏女霊峰は、プラットフォームに期待することについて、次のように述べている。

「プラットフォームを起点に、組織や団体が自発的に対等な立場で協働することで力が組み合わされ、個々の団体だけではできないより大きな力が発揮され、多様なニーズや課題に柔軟、迅速に対応することができるのである。こうしたプラットフォームと制度とがつながることによって、横向き、縦向きの切れ目のない支援が実現し、「連帯と共生」の社会をつくる一翼を担うことが期待されている」[1]。

保育所や児童養護施設などの児童福祉施設は、子どもや子育て家庭を支える地域の重要な社会資源である。そこで働く保育士には、プラットフォームを起点とした連帯・共生に基づくインクルーシブ社会をめざしていく保育実践が求められるのである。

3．持続可能な開発目標（SDGs）と子ども家庭支援

(1) 持続可能な開発目標（SDGs）とは何か

「持続可能な開発目標（SDGs）」という言葉を耳にしたことはあるだろうか。これは、2015年9月の国連サミットにおいて全会一致で採決されたものであり、「誰一人取り残さない（leave no one behind）」持続可能で多様性と包摂性のある社会の実現のために、2030年までを期限とする17の国際目標のことである。

この17の目標は、①貧困や飢餓、教育など未だに解決を見ない社会面の開発、②エネルギーや資源の有効活用、働き方の改善、不平等の解消などすべての国が持続可能な形で経済成長をめざす経済、③地球環境や気候変動など地球規模で取り組むべき環境の3つに大別することができ、世界が地球規模

図9－3　持続可能な開発目標（SDGs）における17の国際目標

資料　外務省「持続可能な開発目標（SDGs）」

で取り組むべき課題を網羅しているものである。

　持続可能な開発目標（SDGs）は、社会、経済、環境の3つの側面からとらえることのできる17のゴールを、統合的に解決しながら持続可能なよりよい未来を築くことを目標としている（図9－3）。

(2) 持続可能な開発目標と子ども家庭支援

　17の持続可能な開発目標のうち、子ども家庭支援に関連する内容について検討したい。

---

①貧困
　あらゆる場所あらゆる形態の貧困を終わらせる
②飢餓
　飢餓を終わらせ、食料安全保障及び栄養の改善を実現し、持続可能な農業を促進する
③保健
　あらゆる年齢のすべての人々の健康的な生活を確保し、福祉を増進する
④教育
　すべての人に包摂的かつ公正な質の高い教育を確保し、生涯学習の機会を促進する
⑤ジェンダー[7]
　ジェンダー平等を達成し、すべての女性及び女児のエンパワーメントを行う

---

*7　ジェンダー
　社会的・文化的につくられる性別のことを指し、生物学的な性別とは区別される。社会における男性・女性に求められる役割の違いによって生まれる性別的な違いのこと。

179

飢餓については、現代の日本は飽食といわれる状況から、食料ロスの削減の取り組みが推奨されるほど、食事には困らない社会にまで成長した。しかし、このような時代であっても貧困による飢餓状態により、母子が亡くなる事件が近年起きている。必要なサービスにつなげることができれば、悲惨な事件を防ぐことができたのではないだろうか。

　保健については、子どもや子育て家庭が健康的な生活を確保し福祉を増進することが、子どもの最善の利益を確保することにつながると考えられる。

　教育については、子どもや子育て家庭を対象に、包摂的かつ公正の高い教育機会を確保することであり、地域における無料学習塾などがそれに該当するだろう。

　ジェンダーについては、女性と女児の人権尊重が弱い現状から、女性の社会参画やリーダーシップの向上、母子保健サービスの拡大など、女性が活躍できる社会の推進である。

　以上の5つの目標が子ども家庭支援に関連すると考えられるが、17の目標は統合的に検討しながら課題解決を図る必要がある。そのため、これからの子ども家庭支援においては、これら17の持続可能な開発目標（SDGs）を意識した取り組みが求められるだろう。

〈引用文献〉
1）柏女霊峰編『子ども家庭福祉における地域包括的・継続的支援の可能性—社会福祉のニーズと実践からの示唆—』福村出版　2020年　p.35

〈参考文献〉
1）東洋大学福祉社会開発研究センター編『つながり、支え合う福祉社会の仕組み作り』中央法規出版　2018年
2）厚生労働省ウェブサイト「働き方改革を推進するための関係法律の整備に関する法律について」
　　https://www.mhlw.go.jp/stf/seisakunitsuite/bunya/0000148322_00001.html
3）内閣府ウェブサイト「仕事と生活の調和（ワーク・ライフ・バランス）憲章」
　　http://wwwa.cao.go.jp/wlb/government/20barrier_html/20html/charter.html
4）厚生労働省「国民生活基礎調査」2020年
5）内閣府「子供の貧困対策に関する大綱」2019年
6）山野則子編『子どもの貧困調査—子どもの生活に関する実態調査から見えてきたもの—』明石書店　2019年
7）橋本好市・直島直樹編『保育実践に求められるソーシャルワーク—子どもと保護者のための相談援助・保育相談支援—』ミネルヴァ書房　2012年
8）柏女霊峰編『子ども家庭福祉における地域包括的・継続的支援の可能性—社会福祉のニーズと実践からの示唆—』福村出版　2020年
9）外務省ウェブサイト「JAPAN SDGs Action Platform」
　　https://www.mofa.go.jp/mofaj/gaiko/oda/sdgs/index.html

コラム　「保活」における保育所の転所手続き

　Cさん（お母さん）は、Aくんが2歳になるとX保育所に預けながら、会社に勤めていた。Aくんが3歳になったころに、Bくんが生まれた。産休のために仕事を休んでいたCさんは、会社に復帰するために、BくんをAくんと同じX保育所に入所させようと考えた。そのため、X保育所への入所を第1希望として申請したが、定員がいっぱいのため入所することができず、結果的には第2希望のY保育所にBくんを預けることになった。

　CさんはこれまでAくんをX保育所に預け、すぐに会社に出勤することができていた。しかし、BくんをY保育所に預けた後に、AくんをX保育所に預けなければならなくなったため、

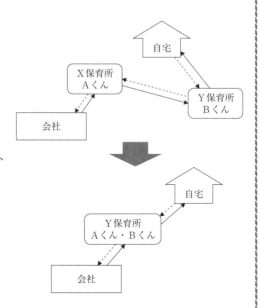

これまでより約1時間早く自宅を出なければならなくなった。子ども2人を毎朝連れて別々の保育所に通わせていたため、Cさんの負担は大きくなり、仕事の時間を減らさざるを得なくなった。

　そこでCさんは、役所に転所手続きを行い、AくんをY保育所に預けられるように手続きをした。手続きから3か月後に、役所から転所可能である旨の通知が届き、晴れてAくんとBくんを同じ園に預けることができるようになった。

　転所が実現したことによって、Cさんの負担は減り、会社での勤務時間を長くすることができた。

　本事例は、第2子の保育所入所に際して、はじめは第1子と同じ園に入所させることはかなわなかったが、転所手続きを行うことによって、希望通り第1子と同じ園に入所できるようになったケースである。保育者は保護者の子育て、就労に関する負担について聴き、必要に応じて行政に相談するなどのアドバイスを行うことが求められる。

索　引

新版　保育士をめざす人子どもの家庭支援

2021年4月1日　初版第1刷発行

編　　　者	白 幡 久 美 子
発 行 者	竹 鼻 均 之
発 行 所	株式会社みらい
	〒500-8137　岐阜市東興町40番地　第5澤田ビル
	電 話　058-247-1227㈹
	http://www.mirai-inc.jp/
印刷・製本	サンメッセ株式会社

ISBN978-4-86015-539-1　C3036
Printed in Japan　　　　　乱丁本・落丁本はお取り替え致します。